頭上運搬を追って

失われゆく身体技法

三砂ちづる

光文社新書

はじめに

２０２３年末、ドジャースに入団会見をした元オリックスの山本由伸投手は、２０２１年のオリックスのリーグ優勝の際に出た記事の中で語っている。

前年のオフの時に、昔の女性が米俵《こめだわら》を担《かつ》いでいる写真を見て、こう思ったそうだ。

「昔の女の人が米俵を担いでいる写真。担げるの?って思うじゃないですか。コツを知っているから持って運べる。人間にはそれだけの力があるはずなんです。トレーニングしているわけではないのに、生きるためにこういうことができる。じゃあ筋肉じゃない。自分の体の重心の位置を明確にすることが大事。力で持ち上げているわけではなく、うまく乗せている」。

そして投げることもまた同じだ、と感じるのだ（＊１）。

筋肉とか力とか、の話ではなく、生きるために行なってきた身体を使ったさまざまな技法は、運搬手段、交通手段の発達により、必要がなくなったところから失われていったのである。

女性が米俵を担がなくてもよくなったのは、いかなる意味でも好ましいことだ。過酷な労働から解放されるために、人間は技術を革新し、科学を発達させてきたはずなのである。そのような時代に生きていてもなお、現在の力や分析で明確に理解できないほどの身体づかいに出会うと、我々はたじろぎ、驚くが、その後、熟考し、その驚きから自らを変える力を得ることも可能なのである。山本投手の話はそういうことだと思う。

この本は、「頭上運搬」を追った。

アフリカや東南アジアや琉《りゅう》球《きゅう》弧《こ》(奄美大島から沖縄、台湾までの弓状に連なる数多くの島々のこと)で出会った頭上運搬にたじろぎ、そして過酷な労働であるにもかかわらず、その美しさに魅せられた。

人間はこういうことができるのだ。それは科学的な分析が追いつかない、意識と身体技法の世界である。

日本国内やアジア地域では、女性が頭上運搬しているところでも、男性はやらない。すべて肩で担いでいる。アフリカでは男性の頭上運搬も見かけるが、地域性もありそうである。よって、この本に出てくる頭上運搬はおおむね、女性によって行なわれているものである。

失われた身体技法を追っていることは間違いないが、それは同時に、女性の本来の美しさとは何か、を追っているのだとも思う。ファッションや、メイクや、若さや、スリムであること、などとは次元の異なる、本当の意味での美しさ、である。頭上運搬から垣間《かいま》見えるのではないだろうか。

（＊1）「オリックス・山本　V導いた　破竹15連勝！無敵投手7冠『自分の力以上の数字』」デイリースポーツオンライン、２０２１年10月28日（２０２３年12月26日閲覧）。

沖永良部島の住吉暗川にて。1956年（撮影：芳賀日出男）

頭上運搬を追って

目次

I　失われゆく身体技法

三世代——知恵は見事に消える

着物を着るということ

「身体技法」とか「知恵」と呼ばれるようなことは、三世代で完全に忘れられるらしい、ということは、経験的にも、本当の意味で優秀な助産師たちのお産や母乳哺育《ほいく》をめぐる言葉からも、わかっていた。「身体技法」や「知恵」などと、たいそうなことを言わなくてもかまわない。単に、具体的な「一つの方法」でさえも同じことである。三世代途切れると、後の世代はもう、何がなんだか、意味さえわからなくなってくる。

ほぼ毎日のように着物を着ている。はっきりした契機があるのでよく覚えている。私には、いつか着物を日常的に着たい、つまりは、結婚式やら成人式やら入学式やら、何らかの「式」の特別な時に着るのではなくて、日常的に着物を着たいという思いがあったのだ。

それはどこから来た気持ちなのかわからないが、私の中にいつもあった。

起源は闇の中だ、と、レヴィ・ストロースは言ったが、それは文化や風習のみに当てはまるのではなく、一人一人の意思や行動にも当てはまると思う。

いったい、毎日着物を着ようという思いがどこから来たのか、説明できない。どこからかやってきて、私の中にすみつき、いつしか表に出るようになった思い。幼いころから伝統衣装というものに憧れ、二十歳を出たころには、タイやインドネシアや韓国の伝統衣装を手に入れて着たりしていた。

いつかは、だから着物を着たいと思っていたのである。人生も黄昏《たそがれ》に向かおうという40代半ば、２００３年の秋に、「着物が着たいなら教えてあげましょう」という人（私の〝着物メンター〟である高岡圭子さん）が現れ、一式着物をくださって、私は日常的に着物を着るようになった。それが直接の契機だ。

「洗い張り」という仕事

それからほぼ毎日、少なくとも「仕事」の時や、きちんと人に会う時には着物を着ており、着物は、望んだ通り私の日常着となった。

着付けは、先の〝着物メンター〟に習った一日だけなので、着付け教室などに通ったわけではない。しかし、この方が、着付け技法においても身体の使い方についてもまことに優れた方で、そのエッセンスの伝え方が見事であったので、すぐに日常的に着物を着るには不自由なくなった。毎日着ていると、着方も覚えるし、知らないことはこの友人に聞けばいいので、まあ、普通に着ることができている。

着られるけれども、しかし、手入れができない。着物はもちろん、洗濯機に入れて洗えるようなものではなく、手でゴシゴシ洗うものでもなく、手入れというのは、「ほどいて」「洗い張りをして」「縫《ぬ》い直す」のが基本なのであった。今の衣服の日常からは、ほど遠い話である。

着物はそのまま洗うと、縮んで型が崩れる。だから、縫い上げてあった着物を全部ほどいて、それぞれ直線の一枚の布に戻し、その布の状態で洗って、ふのりを引く。その上で、伸子張り（しんしばり、と読む）をして、布の幅を整える。これを洗い張り、という。
と、書いているけれど、私はやったことはない。「そういうものであった」ことがいえるだけである。

洗い張りは、桃山時代からやっていた、といわれるが、真偽のほどはよくわからない。しかし、着物を着る人は、確実に、これをやっていたのであり、代々続けてきたのであった。

私の祖母は、これをやっていた。だから私の母の世代（昭和一桁生まれくらい）は、自分の親がやっていたので、明確な記憶がある。「絹と木綿《もめん》は伸子張りの仕方が違ったよね」などと、伯母との会話には普通に出てくるのである。

母や伯母たちは、自分の親がしていたことをよく覚えており、庭に洗い張りした反物《たんもの》が伸子張りして干してあるのを見ている。私にはその記憶はない。

そして母や伯母たちは、洗い張りができない。祖母の代までやっていて、祖母の次の世代には必要がなくなったから、祖母は洗い張りを娘たちに教えなかったのである。孫の代になると、もう、いったいどういうことだったかさえわからなくなっている。

かくして私は、着物は着るだけで、手入れはできない、ということになっていて、お金を払って、悉皆屋《しっかいや》（染め物や洗い張りを扱う業者）さんに手入れをお願いしてきた。悉皆屋さんという商売自体が、じつはもう成り立たなくなってきているのであり、どんどん廃業なさるので、現在は近所のチェーン呉服店で手入れを頼むようになった。ひとえに自分で洗い張りなどできないから、頼んでいるのである。

ことほどさように、「洗い張り」という技法は、見事に三世代で消えた。いわんや、身体技法においてをや。

なぜ「馬」は教育されなかったのか

助産に造詣《ぞうけい》の深い若い看護師の友人が、キプロスに行ってきたという。キプロスには男性の助産師がいるとかで、お産の様子を観察に行かれたらしい。キプロスの病院の状況は、思ったより「ものすごく進んでいた」。

妊娠、出産は女性の体の自然な営みだから、ほんの百年ほど前に近代医療が普及するより前でも、人類は滅亡していなかった。「痛み」と「死」を極限まで避けようとする近代医療体系の恩恵が、どれほど我々を助けてきたか、今やいうまでもないことではあるが、お産の現場が近代医療以前と比べてどれほど変わったかについても、また、素人でもわかるくらい知られていると思う。

キプロスの帝王切開率は、56・7%、あるいはそれ以上であるという。すべてのお産の約6割が、帝王切開という手術によってなされているのだ。この「6割のお産が帝王切開」という事実に、科学的根拠などあるはずがないことは、WHO（世界保健機関）の文書でも繰ればすぐにわかるし、お産の6割を帝王切開しなければ危険なのであれば、人類の滅亡はもっと早かったはずである。

若い友人が話を聞いてみると、医師、看護師、助産師たち医療スタッフの側も、誰も「お産を待とうとしない」。すぐ、医療介入をしてしまうので、「お産は待つもの」という意識など、もう、消えてしまっている。先輩たちがみんなそうしていたからである。

そして産む側、家族の側も、「祖父母世代が自然分娩を知らない」ため、お産は待つものである、という意識が、こちらにもない。

キプロス看護師助産師協会は、さすがにまずいと思っておられるようで、「自然分娩と母乳育児に関する緊急声明」を国として発表して、産《う》み綱《づな》（日本の昔の産小屋《うぶごや》などにもあった天井の梁《はり》からぶら下げた綱で、女性はそれにしがみついて産む）とか、プールとか（陣痛の間、水中にいると痛みが和らぎ落ち着くといわれている）を、産院に導入なさったらしいが、どう使うのかもよくわからない状態で、イギリスあたりの助産師が指導に回っているようだ。

三世代経って、知恵として失われてしまうと、取り戻すためにはとんでもない組織的努力が必要になり、それで取り戻せるのかどうかも、私たちには経験がない。

20世紀最大の神秘思想家、ともいわれたゲオルギイ・グルジェフ。「ワーク」という言葉を初めて使った人でもあり、現代のセラピーの基礎を作ったともいわれるし、エコロジーの発端ともいわれ、その活躍の場は広すぎて、途方もなくつかみどころのない巨人である。

彼の話は簡単ではないが、示唆《しさ》に満ちる。グルジェフは、我々の内面と外面について、「御者《ぎょしゃ》」と「馬」と「荷車」にたとえた話をしている。

「馬」が私たちの内面であり、変わることができるのは内面だけである（「御者」と「荷車」は何であり得るか、ご想像あれ）。しかし私たちの内面を変えるのは難しい。内面を真に教育するのは難しいのだ。

では、なぜ私たちの内面（すなわち「馬」）は、教育されなかったのか、という質問に対し、グルジェフは答える。

おじいさんや、おばあさんが忘れ始め、そのうち身内の者みなが忘れてしまったからだ。教育には時間がかかり、苦悩を伴い、人生の居心地のよさが減少する。初めは怠惰《たいだ》なばかりに馬の教育を怠《おこた》ったのであるが、後にはすっかり忘れてしまったのだ」

（G．I．グルジェフ著、前田樹子訳『グルジェフ・弟子たちに語る』めるくまーる、1985年）

つまりは、ふた世代前が忘れ始めると、三世代目はすっかり忘れてしまうのだ。

祖父母世代が忘れ始めたことを、今なら取り戻せるのか。追っていきたいのはそういうことである気がする。

頭上運搬という身体技法

頭上運搬、という、ものの運び方に、長く魅せられてきた。

自動車などで簡単にものが運べなかったころ、あるいは、自動車などの移送手段が簡単に手に入らないところでは、両手でものを運ぶのは限りがあるから、人はものを頭にのせて運んでいた、いや、運んでいる。

アフリカ、中南米、東南アジア一帯でまだまだ広く行なわれている様子は、そういうところを旅行したことのある方には馴染《なじ》み深い風景ではないだろうか。

２０１６年に、コンゴ民主共和国（Democratic Republic of the Congo：ＤＲＣ。キンシャサを首都とする元ザイールと呼ばれていた国であり、ブラザビルを首都とするコンゴ共和国と間違いやすいので、ＤＲＣと呼ばれることが多い）を訪ねた折にも、軽々と、しかも絶妙なバランスで、頭にものをのせてどんどん歩いていく皆さまに感心してしまった。

首都キンシャサでは、落としたら割れてしまうたまごのパックを何段にも積み重ねて頭に

コンゴ民主共和国の首都・キンシャサにて（著者撮影）

のせて運んでいたり、何十本ものペットボトルがビニールで包まれたものをのせていたり、それを、キンシャサの片道5車線くらいあるものすごい交通量の車の合間で売り歩いていたりなさっているのである。

地方に調査に入れば、調査用の何十キロもある重いコンテナを、ひょい、と頭にのせて運んでしまったりするのだ。絶対落としたりしない。いったいどうすればこういうことができるのか、思わず見入ってしまう。

熱帯アフリカの人たちは、前傾した骨盤のために体型としても頭上運搬が行ないやすく、現在でも盛んである、といわれている（川田順造『〈運ぶヒト〉の人類学』岩波新書、2014年）が、アジアでも日本でもあちこちで行なわれていたし、今も行なわれているのだから、おそらく、体型のみによるものではあるまい。

私は１９８０年代半ばに沖縄に住んでいたのだが、そのころはまだ、野菜などをたくさん入れた金だらいを頭上にのせた女性が、首里あたりにも売りに来ていた。糸満地方では、漁港で取れた魚をバーキ（ざる）に入れて頭にのせ、那覇までの約12キロを飛ぶように歩いていたということを、今、ご存命の方がお話ししてくださったりする。

沖縄での頭上運搬によるものの運び方は、ついこの間まで残っていたのである。

「できると思った」「みんなやっていた」

那覇生まれ那覇育ちの友人は、祖母が頭の上にものをのせて運んでいたことをよく覚えていて、祖母がやっていたから、小さいころに自分もやってみた覚えがあるという。「やり方、教えてもらったの？」「ううん、別に。自分もできると思ったからやっていただけ」。

できると思っただけ。このあたりに、〝ある身体技法ができるようになるコツ〟があるようだ。彼女はそのあと、必要がなくなったから、頭上運搬をしていないし、今はできない。でも小さいころはできたのである。

周りの人がみんなやっていたから、自分もやることが当たり前だと思い、やってみて、できるようになっていた。必要がなくなったから、やらなくなったら、できなくなった。もちろん、その次の世代は、誰かがやっているのを見ることがないから、できなくなる。

沖縄県糸満地方で80代の女性の聞き取りをした時も、4歳くらいの時に、家族総出で港に薪《まき》を取りに行かねばならず、たくさん運ばなければならないから、自分も頭にのせて運び始めたのだ、とおっしゃっていた。こちらも「教えてもらったことはない、みんなやっていたから、やった」とのことだった。

なぜできるようになるのか、なぜできなくなるのか、それは体型や身体づかいより何より、まず「できる」という意識ありき、ではないか。

「意識」する

失われゆく身体技法

できると思ったらできる。できないと思ったらできない。要するに体型とか技術の問題というより、「意識」の問題ではないのか。技術があっても、「意識」がないと、できないのではないか。周りの人がみんなやっていることならば、自然にできると思うようになる。できると思うからやってみる。すると、周りと同じように、だいたいの人は、できる。

周りに誰もやる人がいないと、できると思うきっかけすらない。きっかけすらないようなことは、できるようになる可能性はない、ということになる。

２０００年代に入って間もないころ、「月経血コントロール」という研究をした（＊２）。１９９０年代の半ばごろに、岡山にある産科医院である三宅医院の創始者である故・三宅馨《かおる》先生から、「昔の女性は、月経血もコントロールしてトイレで出していたようだ」という話を聞いたことに端を発している。

当時、ちょっと咳やくしゃみをしたり、ジャンプしたりしてお腹に力が入ると、少し尿が漏れる「腹圧性尿失禁」が増えてきていることを、現場の臨床家である三宅先生は憂《うれ》えておられた。

以前は産後か高齢者にしか見られなかったのだが、当時30代くらいの若い女性にも尿漏れが見られるようになってきていた。三宅先生はこのことを、「骨盤底筋《こつばんていきん》がたるんで機能しなくなっているのではないか。昔の女性は骨盤底筋がもっとしっかりしていて、月経血もコントロールできたのに」と言ったのだ。

骨盤底筋というのは、いわゆる「おしも」である骨盤の底辺にあり、いくつかの筋肉が合わさってハンモックのようになっている、いわゆる〝インナーマッスル〟である。１９９０年代半ばの臨床医は、この骨盤底筋の衰えを危惧《きぐ》していたというが、今や、どこのスーパーの棚にも「尿もれパッド」が売られるようになっている。三宅先生の危惧は、もう危惧ですらなくなり、多くの若年層から成年層にいたる女性たちが、普通にこの尿もれパッドを使うようになっている、ということだ。

三宅先生は、この「昔の人がやっていた月経血のコントロール」（これを「月経血コントロール」と呼ぶことにしたのだが）について、産婦人科医だから知っていたというわけではない。１９４６年生まれの三宅先生は、そのお母さんから直接、この話を聞いておられたのだという。三宅先生は、お母さんが40代半ばくらいの時に生まれた末っ子だったそうだから、お母さんたる女性は、だいたい１９００年前後の生まれの方だったと思われる。着物生活で、生理用ナプキンはもとより、いわゆる「パンツ」のような股《また》にぴったりするような下着すら着けていなかった時代のことである。

思えば、当時の女性たちはいったい、生理の時、どのように手当てしていたのか、何もわからないことに気づき、そのことにも愕然《がくぜん》とした。三宅先生のお母さんは、生理の時のために、脱脂綿やちり紙を小さく丸めたものをたくさん作っており、基本的にトイレで月経血を出していたらしいが、それ以上のことはわからなかった。

この話を聞いた当時、私はブラジル在住だったので、いつか日本に帰ることがあれば、このことを研究してみたい、と思っていた。２０００年の終わりに、約15年に及ぶ海外生活を終えて日本に帰国し、２００１年1月に当時の厚生省国立公衆衛生院疫学部に仕事を得て、研究ができることになった時、この「月経血コントロール」のことが頭に浮かんだ。

当時はまだ、東京都が、青山にある東京ウィメンズプラザで、女性に関する研究などに助成金を出しており、「生理用ナプキンなどの便利なものがなかった時代に、女性はどうやって月経に対応していたのか」というような研究に、お金を出してくれたのである。

いろいろな人に聞き取りをしたり、文献を調べたり、実践したり、実践してもらったりして、少しずつわかってきた。そのころは私自身もまだリプロダクティブフェーズにあって、自分で試してみることもできた。

やっぱり、自分でやってみることもできた、というのは重要なことであったと思うし、たとえば今、思い立ったとしても、人に実践してもらうしかないわけで、いまひとつ気分が乗らなかったんじゃないかな、と思う。人生にはまことに、フェーズ変わり、というものがあるのだ。

ともあれ、数年に及ぶ研究の結果、月経は、おしっこ、ウンチのようにぴたっと止めて、トイレで出す、ということは難しいものの、意識してみるとかなりトイレで出せるし、昼間意識していると、夜は出なくなることも多いし、ものすごくたくさんの生理用ナプキンとか、おむつのような巨大なナプキンなどが、特に必要ではなくなることも結構ある、ということがわかった。

着物の時代の意識

便利な生理用ナプキンが存在しなかった時代の女性たちは、着物を日常着としていたころの女性たちでもあって、だいたいそのころの下着は、股に布がぴったりくっつくような「パンツ」のようなものではなく、単なる腰巻を巻いていたにすぎなかった。

女性たちは月経への対処を、上の世代の女性たちから微《び》に入り細《さい》に入り丁寧に教えられていたわけではなかったが、「そういうものがある」から、「気をつけなさいよ」といわれていたという。「気をつけないと、粗相《そそう》して恥ずかしい」ので、気をつける。「気をつける」、すなわち、意識を向けるのである。意識を向けていたら、「出そう」な感じがわかる。そうしたらトイレに行く。

聞き取りをした、当時90代の女性は、下腹がなんとなく気持ちが悪い感じになるから、生理になるのはいつもわかった、と言っていた。「出そう」になると、トイレに行く。

女性がたくさん働いている料亭などでは、いつも従業員用のトイレは混んでいて、お互い都合をつけあって、月経の時に対処していたのだという。小さな綿のようなものを膣《ちつ》のほんの入り口のところに少し詰めて、というか、置いておいて、「意識のマーカー」としていたようなこともあったようだ。

周りの人がみんなそういうふうにしていたから、おそらく、ほとんどの女性たちは、周りの人がやっているように、意識して、気をつけては、トイレで出していたのだと思う。粗相しないように。

「気をつける」の意味

これは別に超能力でもなんでもなくて、「出そうになるとわかる」ように、そちらに意識を向けている、ということである。月経のある女性は、月経中に、椅子などに座っていて、立ち上がった時に、どっと月経血が出るような感じを経験したことがあると思う。その感じがわかるのならば、椅子に座っていて突然立ち上がるのではない時にも、わかるはずである。

生理用ナプキンの普及していないころの女性たちは、そういう便利なものがないからといって、垂れ流しにならないように、意識を向けていたのだろう。そうはいっても、粗相をすることもあるし、汚してしまうこともあっただろうから、そういう時のために、脱脂綿を経て、便利な生理用ナプキンが作られるようになっていったのだ。

いったん、そういうものができると、汚れないし、困らないし、ほうっておけるようになる。つまりは、そこに意識が向かなくなる。意識が向かなくなると、今までやっていたことは、できなくなる。できなくなることが普通になって、みんなできなくて当たり前になっていくと、やっていたことは、まるでウソのように、おとぎ話のように、奇跡のように、思えてくるのである。

これは「科学」や「医学」の問題ではない。つまりは「意識」の問題なのであり、そこにどのような筋肉があるとか、そんな筋肉はない、とか、そんなことをして月経血が逆流したらどうするのかとか（本当にそういうことをおっしゃる医師がいらしたらしい。そちらの身体技法の方が難しそうだと思うし、そういうことを実際にやった人は見つけられそうにないので、できる、と思うことすらできないが……)、そういう問題ではないのである。

つまりは、医学的、解剖学的マターではなく、「意識する」「気をつける」の世界なのだ。科学ではなくて、意識だ、気だ、というと、もういっぺんに、いかがわしくてあやしいことを言っているといわれるのかもしれないが、そういうことは私たちの日々の生活には、数え切れないくらいある。だから、家から出て行く人に「気をつけてね」などと言うのだし。

なぜ頭上の荷物が落ちないのか

月経血コントロールについては、このようにして、「できた人がいたのだ」という話をすると、興味を持つ人もあり、実際に試してみる人も出てくる。

便利な生理用ナプキンがあるのだから、別にやらなくてもいいのだけれど、自分の体に興味があったり、生理用ナプキンがなんとなく気持ち悪いと思っていた人だったり、布ナプキンの方がいいな、と思ったりしている人はいるので、私の周囲でも、少なからぬ人数の女性が試してみるようになった。

そうやってトライする人が増えると、若い友人のように「もう、ティッシュペーパー程度しか、生理の時に必要じゃなくなりました」という人が出てきたりする。意識するようになってから、月経が早く終わるようになったり、夜に困らなくなったり、さらには月経痛も減ってくる人もいたりして、月経が「嫌なもの」「いとわしいもの」ではなくなってくる人もいる。できると思う、という人が増えると、変わってくるのである。

だから、この本で追っていく「頭上運搬」も同じようなことではないか、と考える。頭上運搬ができる人たちは、絶対に頭上にのせた荷物を落とさない、落としたことがない、落とした人も見たことがない、という。

手に荷物を持っている時、ちょっと重たいからといって、その荷物をわざわざ落とす人がいるだろうか。スーパーの重い袋を2つ両手に持っていれば、重いからといって途中で放り投げたりしない。重いけれど頑張って家まで持って帰って、そこで下ろすのである。

頭にのせてものを運ぶ時も、のせたら、運ばなければならないから、運んでいたのだ。落とすわけにはいかないし、落とすものではない、と意識していたから運べたのだ。できる、という意識に、呼応するような身体能力があればこそ、なのであるが。

（＊2）三砂ちづる『昔の女性はできていた』宝島社、２００４年（現在は宝島社文庫）。

アフリカ研究者たち

人類学者はまず、村人からバケツを頭にのせられる

若いアフリカ研究者である女性の友人二人に会った。若いといっても30代後半から40くらいの方々なので、世間的にはそんなに若いとはいえない。しかし研究者という業界では、30代とか40代初めとかいう年齢は、まだまだ若いのである。

研究をやりたいなどという人は、研究をやっているのが楽しいからやっているのであって、そのことでいつお金が稼げるようになるのか皆目《かいもく》わからない、という不安定な業界である。１９９０年代以降、文科省の方針で、大学院生がどんどん増え、旧帝大系の大学では、学部生と同じくらいの大学院生がいたりするようになった。

もともと、研究を志して大学院に行っても、職があるかどうかわからない、というのが研究者の世界であった。人数が少ない時代でも職があるかどうかわからなかったのに、どんどん大学院生が増え、どんどん博士号を持つ人が増えてくれば、研究職に就《つ》ける人が減るのも当然である。

最短で修士号、博士号を取れば、20代で博士になれるわけだが、20代の若さで研究職に就いたり大学で働いたりし始めることができる人は極端に少ない。30代になっても仕事を探し続けて、運がよければ30代でポストが見つかる、運が悪ければ40代になっても職が決まらない、などというのは珍しいことでもない、じつにハイリスクな世界である。

だから、「若手の研究者」というのは、30代くらいのことで、40近くても40少々過ぎていてもこの業界では若いのである。この優秀な二人はすでに大学に職を得て、ばりばり働いている方々である。

生態人類学を専門とする彼女たちは、アフリカに深く関わるフィールドワーカーである。女性の人類学者は、結果としてフィールドでも、現地の女性たちと一緒に行動し、女性たちのことを記録して、研究していくことが多くなる。

この二人のうち、一人、近藤史《ふみ》さんは、初めてのタンザニアでのフィールドワークに出かける時、指導教官から「調査をしなくていいから、まず、生活してこい」といわれたのだという。だから、調査とかなんとか考える前に、村で「生活」するようにした。

女性研究者は、村の女性たちと行動を共にして、女性たちと生活を共にする。村の女性たちの仕事は、まず、何はさておき、水汲《みずく》みであるらしい。近くはない水場まで出かけ、水を汲んでバケツに入れて、頭にのせて運ぶ。

もちろん、近藤さんは生まれてから一度も、頭にものをのせて運んだことなどなかったが、そこは、頭上運搬ができて当たり前の村。「思えば、スパルタ式でした。はい、って頭にバケツをのせられるので、運ぶしかないんですね」。

教えてもらうとか、やり方を習うとか、そんな悠長なことではないのである。

女性たちについて行くと、あんたも運びなさい、ということで頭にバケツをのせられるのだ。最初はうまくできなくて、村に帰り着いたら、ほとんど水は残っていなかったり、肩がびしょ濡れになったりしていたが、とにかく初回のフィールドワーク中に、できるようになった。やるしかないのである。頭にのせられるんだから。

うーん、20キロは重いかな。10キロはいけるかな、と、のたまう。大したものである。

女性研究者たちの得意技

もう一人の八塚《やつか》春名さんは、タンザニアの別の村でフィールドワークをしているが、彼女の経験も似たようなものである。

最初に村に入りました、女性たちについて行きました、そうしたら、まず、仕事は水汲みなので、頭にバケツをのせられました。20キロは無理ですねえ。でも、最初のフィールドワーク期間中には運べるようになりました……。おっしゃることは、ほとんど同じである。

彼女も教えてもらったわけでも、習ったわけでもない。二人は別の地域で研究しているのだが、この頭上運搬の容赦《ようしゃ》なさに関しては、話がぴったりと合っている。

そうよねー、軽いとできないわよね。そうそう、軽いと無理。ちょっと重さがないとできないよね。それでね、現地の女性は、両手を離して、平気で頭にバケツをのせて悠々と歩いているけれど、私たちは片手を添えてないとできないんですよね。だから、水場からずっと運んでいると、手を添え続けているので、手がだるくなってしまうのよね……。実感のこもった言葉である。

どうやらこの二人が特別、ということでもないらしい。アフリカにフィールドワークに入る女性人類学者たちは、だいたいみんな、頭上運搬ができるようになるらしい。八塚さんが、日本国内で仲間の人類学者たちと山に行った時、「アフリカ研究者の女性たちは、手に持つような調査道具は頭にのせてました。だってその方が楽ですから」。

手で持つより背中に背負うより、頭にのせる方がずっと楽だというのだ。手で持つ、ということは、荷物を、重力に逆らって、上に上げないと運べないけれど、頭にのせる、ということは、重力に逆らって持ち上げているわけでもなくて、いわば「体重が増えているだけですからね」。

頭上運搬では、体重が増えるだけ……。けだし名言ではなかろうか。

平らなものを頭にのせる時は、タオルとか手ぬぐいみたいなものを巻いたものをまずのせて、その上に運ぶものをのせるようにしないと、落ちますね。米とかそういう、袋に入っていて、頭の形に沿うものは運びやすいです。日本で練習ですか？　うーん、枕がいいんじゃないかな。あと、ジャガイモの袋とか……。

頭の形に沿うようなもので練習をしてみよ、と彼女は言う。誰でもできると彼女は思っていて、今、職場の大学のそばの小学校などから「アフリカを経験する」みたいな体験授業の講師として呼ばれたりしても、小学生に、バケツの中に水の代わりに玉入れの玉を入れたものなどを運んでもらい、「アフリカ」を体験してもらったりするのだという。

頭で薪を運ぶ子どもたち

タンザニアの村で、スパルタ式で鍛えられた彼女たちは、頭上運搬を、「難しくてできないもの」とは認識しておらず、「やればできた」ので「やればできるもの」と認識している。昔の人がやっていたことでも、遠い地域の人がやっていたことでもなくて、彼女たちアフリカ研究者にとって頭上運搬は、日常の生活所作になるほどに、すでに身近なのである。

この話をしたら、北海道の「森の幼稚園」で働いている20代のカナさんは、それ、すごくいいですね、という。「森の幼稚園」は、文字通り森を学びの場とし、子どもたちは春夏秋冬を北海道の森の中で過ごす。

スタッフは子どもたちの活動がスムーズにできるように裏方として手伝うのだが、その仕事の一つに、納屋から、ジャグと呼ばれる10リットルくらいのポリタンクを広場まで運ぶ、というのがある。

手で持っていくには重たいので、子どもを抱きかかえるようにして運んでいたのだが、運びにくいし、はなはだ能率も悪いと感じていた。頭にのせれば、楽そうだし、両手も空くから子どもの手も引けるし、「森の幼稚園」向けですね！　練習します！　と興奮していた。

カナさんが「森の幼稚園」で、10リットルの水を頭にのせて運び始めたら、きっと「森の幼稚園」の園児たちは、興味を持って自分たちもやってみようとするに違いない。この幼稚園では薪を運ぶ、という作業もあるので、カナさんは、まず子どもたちの頭に薪でものせて運んでもらおうかな、と言っている。

幼い子どもの頭に薪をのせていたら、自然に頭上運搬ができるようになった、というのは80代の沖縄県糸満の女性の話だった。どうやらやっぱり「できる」と思えばできる。「できる」という意識は、できなくなっていた身体技法をやすやすと復活させることができるようだ。

芋を運ぶ

１９２６年、石垣島生まれ

１９２６年生まれの上地節《うえちせつ》さんにお話をうかがったのは、彼女が92歳の時だった。沖縄県石垣市登野城《とのしろ》に住み、なんでも知っていて、人望のある方。ふっくらとして穏やかに笑っていて、お話をうかがっていても、寸分のずれもない。頭脳明晰。地域の行事であるアンガマーも結願祭《きつがんさい》もすべて頭に入っているから、ずっと指導する立場にある。踊りも大好きで得意なのだ。

頭に、ものをのせて運んでいましたか、と聞くと、はい、ずっと。芋をのせて運んでいましたね、と言う。芋とは、サツマイモである。

子どものころからね、芋をのせて、頭に担いで、戦前には売りにも行っていましたね。うちはお父さんがいなかったから、女が頭にのせて運ばなければならなかったの。でも、おばさんが宮古島で料亭をしていてね、小学校2年の1学期から5年生の2学期までは、宮古に連れて行ってもらっていたの。そこでは登野城でやっていたように子守りしながら学校に行く必要もなくて、芋も運ばなくてよかった。

宮古の学校では、ずっと遊んでいましたね。宮古島の平良《ひらら》の坂の上にあった月見亭という料亭でしたね。そこにいたから私は宮古の言葉も覚えて、ですね。だから、宮古の言葉も話せますよ。今でもね。

宮古では、働かないで学校だけ行かせてもらったけれど、登野城（石垣島の）に帰ってきたらそうはいかないのね。こちらでは芋ほりをしないと、食べるものもない。売りにも行けない。

父は私が6つの年に亡くなっていましたから、女だけでなんでも運んだり売ったりしなければならないのよ。家に馬がいたり、男がいたりすると、女が運ばなくていいから、そういうおうちのことは、いいなと思っていましたよね。

小学校1年生か2年生くらいのころは、小さいバーキ（ざる）を頭にのせて、そこに芋をのせて運んでいました。練習？　してないよ。のせたら、運ぶの。それだけ。でも小さいころは、両手を離すことはできなくてね、片手をバーキに添えていました。

バーキのチビ（ざるの底のこと）が落ちないようにね、ガンシナー（藁《わら》で作った、頭の上にのせる輪状のクッションのようなもの）を頭の上に置いてから、バーキをのせます。頭にのせたバーキを落としたこと？　ないですよ。それは、ない。

落としたら、困るさ。拾えないのに。でも一回だけ、つまずいて荷物が落ちたことはあるかな。一回だけね。どうして普段は落としたことがないし、落ちないかって？　だからね……。なんでかね……。

頭にのせて運べない女の人はいなかった

バーキと呼ばれるざるに、芋を入れていく。芋の量が少ない時は、バラ詰めにして適当に入れるのだが、芋がたくさんある時は、バーキへの芋の入れ方にコツがあると、節さんは言う。

バーキの内側に沿うように、芋を立てていき、一周したら、次は外側の芋の間と間に、芋を立てる。そうやって外側から順々に内側に向かって芋を立てていき、真ん中に向かって少しずつ盛り上がっていくみたいにして詰めるのだという。

そのようにバーキに芋が詰められると、かなり重い。30キロくらいになる。30キロの重さになると、自分では頭にのせることができないので、人に頼んでのせてもらい、下ろす時も一人では下ろせないから誰かに手伝ってもらう。バーキではなくて、袋詰めの芋の場合は、自分で下ろすこともできたけれど、と言う。

　男の人は、頭にのせて運ばないよ。男の人は担ぐの、肩に。頭にのせるのは女だけ。なんでかって？　なんでかね～。男の子は絶対、頭にのせようとしなかったよね。女の子だけ。

「イモを売る女性たち」（1935年、沖縄・糸満。提供：朝日新聞社）。芋が入ったバーキを二段重ねにして頭にのせている女性の姿が写っている。当時の市場の風景。

芋のほかに運んだものは、野菜とかね、パパヤー（パパイヤ）とか、バーキに入れて運びましたね。水は運ばない。水は頭にのせては運ばなかった。このあたりでは水を頭にのせている人を見てないね。

水は担いで（天秤棒《てんびんぼう》の前と後ろの先に水の桶《おけ》をつけて）運んでいましたね。水の瓶《かめ》も頭にのせてみたことはある。でも難しかったね。芋は動かないでしょう。水は、たぷたぷ動くからね。難しいの。

水も毎日運ばなければいけないからね、外から帰ったら水も汲みに行きましたよ。井戸から水を汲んで家にある水瓶をいっぱいにしておく。３回は行ったり来たりして水も運びましたね。

でも頭にはのせていないですよ。水はね。糸満の人（沖縄本島の漁港である糸満から、漁師とその家族が石垣にも移住していた）は、水も頭にのせると言っていましたけどね。芋は動かないから運びやすい。米の入った袋は、もっと運びやすいよ。最後まで頭にのせて運んでいたのは、米ですね。60いくつかになるまで、運んでいたね。

ほかにはですね、頭にのせて薪を運んでいましたね。お母さんの世代ではみんなやっていたといいますよ。畑に行って、帰りは薪を頭にのせてきた。枯れた薪ね。生木は重いから。

枯れた薪のね、結構長いの、この畳の幅くらいある長い薪を３カ所くらい縛《しば》って、運んでいたんですよね。

でも、やっぱり芋。芋をのせる。重いから手で持てないので、頭にのせるの。自転車よりも頭の方がたくさん運べます。自転車にはそんなに積めない。

あとね、リヤカーもあったけれど、道が舗装《ほそう》されているわけじゃなくて、でこぼこなわけですから。下り坂があったりすると、リヤカーじゃ危ないですし。牛や馬がいないうちでは、みんなやりましたから、昔の人で頭にのせて運べない女の人はいなかった。

やればできるんですよ。やらねば、できない。足は、もちろんはだしですよね。下駄はよそ行きでね、よそに行った時に履《は》くために、道を歩く時は、はだしで、下駄を手に下げて、行っていましたね。

「芋とはだし」は消え、沖縄に残るもの

節さんの話。「芋とはだしの沖縄」である。

私は１９８６年ごろ沖縄本島に住み、そこから数年、生活の拠点にしていた。時は、西銘《にしめ》

順治《じゅんじ》保守県政のころであった。

当時の西銘知事は、私（１９５８年生まれ）たちの世代なら誰でも知っている「芋とはだしの沖縄でいいのか」をキャッチフレーズに、１９６８年（当時は沖縄は日本に復帰もしていなかった）の琉球政府行政主席公選で屋良《やら》朝苗《ちょうびょう》氏と闘った人である。米軍基地撤去、即時返還を求める革新統一候補が勝てば、昔のような芋とはだしの暮らしに戻ってしまう、と言ったのだ。

革新統一候補、屋良朝苗氏は、その時の選挙を勝ち、長く行政主席、そして知事の職にあった。その後、西銘氏自身も長く知事の職に就き、その後の沖縄県知事は保守であったり革新であったりしている。

１９６８年から60年近く経とうとしている今は、「芋とはだしの沖縄」ではない。米軍基地は、今も多くがそのままに残る。基地をめぐる論議で島が分かれる。

沖縄は多くのアーティストとスポーツ選手と若者たちが憧れる島になり、島の風景を懐かしんで、あるいは美しいビーチに魅せられて、訪れる数多《あまた》の観光客の心安らぐ場所となり、沖縄系移民の子孫が訪れて、ここここそが私のいるところ、と言わしめる場所になっている。

私が顔を知る沖縄の友人たちの抱く沖縄への自負と愛情は、揺るぎない。この島の今。いかなる意味でも、芋とはだしの島ではない。

92歳の節さんは、もちろん、もう、はだしで芋を運んだりしたくないはずだ。つらい時代だったと思う。子孫たちにそんな生活はもちろんさせたくないに違いない。

しかし、なんといえばいいのだろう。この生活の手ざわりと実感。「芋とはだしの沖縄」にもちろん二度としたくないし、そのような日本にもしたくない。昔がよかった、などと能天気なことを言うつもりも、毛頭ない。

しかし、節さんの語る、芋をバーキにのせていた芋とはだしの日々が、悲惨だけであったと、どうして切り捨てることができようか。

どんな生活も、一人一人の懸命な日常と、織りなされた人間関係の中に、豊かに立ち上がってゆく。そのころの節さんの日々が、アンガマーや結願祭や満月のお祝いを誰よりも熟知し、誰よりも信頼される節さんの今を作り上げている。

私たちは彼女のように、老いていけるだろうか。舗装された道路もなく、はだしで黙々と30キロの芋を頭にのせて歩いていた節さんのことを思う時、「芋とはだしの沖縄に戻りたくないなら、基地を受け入れるしかない」という論理は、いかなる意味でも実感を伴い得ないことがわかる。

今、芋とはだしの沖縄ではないのは、芋とはだしの時代から営々と生活を積み上げてきた、数え切れない節さんのような方々の、よりよく今を生きよう、とする意思の果てである。

沖縄の今、を共に生きることは、この実感なしにはあり得まい。

瓶踊り

一升瓶を頭にのせて朝礼

１９７０年代後半あたりに学生時代を送った世代にとって、飲み会でやる余《よ》興《きょう》というと、なんといってもピンク・レディーであった。これが世代に特有なものだったのか、私の周囲に特有なものだったのかは定かではないものの、とにかく私の周囲の女子学生は、暇があれば「ＵＦＯ」とか「ペッパー警部」などを練習しており、飲み会になれば踊っていたものなのだ。

足の長い若い女の子が短いスカートをはいて人前で踊る、という芸能界のスタイルが、その後、内容、および人数においていっそうの進化を続けているのは、皆さんご存知の通りである。その進化がどれほど、余興やら「宴会芸」へと影響し発展しているのか、詳しいことはよくわからないけれども、飲み会の余興とか「宴会芸」は、おそらくこの国の文化の一つであり、時代とともに変わっているのだろうと思う。

沖縄に、泡盛《あわもり》の一升瓶《いっしょうびん》を頭にのせて、カチャーシーを踊る、という「宴会芸」があるということを、話には聞いたことがあった。「頭上運搬」という運搬方法の話ではない。あくまで「宴会芸」であって、運搬が目的ではない。

とはいえ、頭にのせることにはかわりがない。頭上運搬に興味があるんです、沖縄でやっていた人に話を聞いてみたいんだけど、と、沖縄関係者に向かって口にした時、まず最初に周囲から返ってきた言葉が、これだった。

泡盛の一升瓶を頭にのせる。カチャーシーを踊る。そういうのがありますよ。宴会芸ですけどね。といった感じであった。

紹介されたYouTubeの動画は、沖縄県糸満市にある「まさひろ酒造」のＣＭである。誰でも見ることができるし、沖縄ではテレビでしょっちゅう放映されていたようだから、沖縄県民にはあまねく知られていることであるらしい。

動画には、まさひろ酒造さん自身による、「世にも珍しい!お酒一升瓶を頭にのせて社員一同おどります! この踊りのために毎朝、瓶をのせて朝礼をしています! 沖縄では『瓶踊り(びんおどり)』と呼ばれています」というコメントがついている(＊3)。

なるほど、この宴会芸には「瓶踊り」という名前があるというわけだ。泡盛を作り、販売している沖縄県糸満市にある会社である「まさひろ酒造」では、社員全員が、毎朝、泡盛を頭にのせる練習をしており、上手・下手のグラデーションはあるように見受けられるものの、店舗でも、工場でも、皆さんが一升瓶を頭にのせて、踊っておられるのである。

今や、主催されるお祭りでは、「瓶踊り大会」まで開催されているらしいし、大会へのエントリーも毎年増えているといい、宴会芸の広がりが見られている。

さっそく、沖縄県糸満市へと出向き、まさひろ酒造さんの工場直売店に立ち寄り、お土産の泡盛を買いつつ、お店の方に瓶踊りのことを聞いてみた。はいはい、もちろん全員やります、練習していますから、ということであった。直接頭に瓶をのせると滑りやすいので、各自、頭の上に輪になったクッション状のものを置いたり、タオル様のものを置いたりするらしい。

一升瓶なんて重そうだな、と思うが、実際には、軽いと落ちてしまうので、中にある程度、水を（もちろん泡盛でも結構だが）入れておいた方がやりやすい。各自で、自分はこのくらいのところまで水を入れておくのがいい、という量があるのだという。

たしかにねえ、上手な人と、下手な人はありますよね。ＣＭで一番前で踊っている方は、すごくうまいんですよね。でも、できない人はいませんね、とお店のお姉さんはおっしゃる。

子どものころからのせていました

大正10年生まれ、取材した当時にはなんと98歳であった山城ウメトさんは、沖縄は「琉球村」のキャンペーンガールとして有名な方で、「瓶踊り」をなさっていた。

「琉球村」の広場で、小柄なウメトさんが泡盛の一升瓶を頭にのせて、カチャーシーを踊る姿は、これまた、YouTube であちこちに配信されているので、ご覧になった方も少なくないかもしれない。

ウメトさんにお話をうかがいたい、と人《ひと》伝《づ》てにご紹介いただいた。約束の場所に現れたウメトさんは、きれいなベージュの洋服に、パールのネックレス、素敵な帽子をかぶって、バッチリ、美しいメイク。じつにチャーミングだった。

頭にですか？　子どものころからのせていましたね。誰にも習っていませんよ。女はみんなしているから、できると思いました。

小学校3、4年生の時には、薪を一人で取りに行っていましたから。まあ、それが最初の記憶かなあ、それより前は、覚えていないですね。

頭にのせていて、落としたこと？　それはない……、いや、一回だけありましたね。小学校6年生のころ、水を運んでいた時に、階段でつまずいて落としたことがある。それくらいだから。めったにないことだから、よく覚えているんですよね。

80歳を過ぎて「琉球村」で働くようになってから、一升瓶をのせて踊るようになったんですよ。やっている人がいて、観光客の方がその人を見て、手を叩いたり、写真を撮ったりしていたから、そんなに人気が出るようなことなら、やってみよう、と思って。もう18年やっているんですよね……。

そのころ、「琉球村」としては、アイドルのウメトさんに、毎日でも働きませんか、と提案していたようだが、ウメトさんは、扶養者控除が受けられる範囲でしか働きたくないので、

一升瓶を頭にのせて踊るウメトさん（撮影：松本亜紀）

週2日しか〝アイドル〟をしていない、ということだった。

ウメトさんもまた、「これは誰にでもできますよ」とおっしゃる。でも、「コツはねえ、あるんだけどね、誰にでもは、教えないよ。みんなできるようになったら、値打ちがなくなるさあ〜」と、屈託《くったく》なく笑うウメトさんなのである。

こちらもまさひろ酒造さんと同じで、半分くらい水を入れておかないとのせられない、頭の上にタオルなど柔らかいものをのせておかないとできない、という点は同じである。

できると思ったら、できた

この、何度聞いても、誰に聞いても、「やってみれば誰にでもできる」の言葉しか出てこないことを信じて、夜、ホテルに帰って実践してみた。

ホテルに一升瓶はなかったので、あるものでトライする。「できると思うと、できる」というウメトさんの言葉を信じて、必ず「できる」と思って、頭にホテルのタオルをのせて、その上にティッシュケースとか部屋の化粧用鏡などをのせてみたら、本当にできてしまった。

いくら動いても、スピードを上げてみても、カチャーシーを踊ってみても、落ちない。表面がツルツル滑るような本などではうまくできなかった。ホテルのティッシュケースは革製のカバーがついていたから、ツルツルしない。化粧用鏡も、かなり重さはあるが、革張りなので、こちらもツルツルしない。そういったものは、本当に、不思議と落ちたりしない。

調子に乗って、部屋にあるものでいろいろトライしてみた。枕を2つ重ねたものは、まあまあできるが、あまり調子よくない。アイロンをのせてみたが、アイロンの底はツルツルしていて、こちらもうまくできなかった。スーツケースもできない。こちら、ここまでにも取り上げたことのあるアフリカの皆さんは、スーツケースなど、荷物を入れた重いままで軽々と頭で運ぶというのに。

要するに、重さと形状の問題なのかと考えて、ゴミ箱ものせてみるが、こちらもいまひとつ、うまくできない。バケツで水を運ぶことを思えば、ゴミ箱でできないのはおかしいな、と夜中のホテルで試行錯誤、トライアルアンドエラー、を繰り返すのであった。

とにかくティッシュケースと化粧用鏡で大成功したことが、嬉しい。「できると思ってやったら、できた」ということが……。

重量と形状の問題は、もちろん次に克服していかねばならないのだが。ひとまず、最初のステップはクリアできたような気がした那覇の夜であった。

（＊3）https://www.youtube.com/watch?v=dTMQ7ACe27Q（2024年2月21日閲覧）。

糸満ティーブイ

魚を頭にのせて売りに行く

沖縄県糸満市の泡盛メーカーで社員全員がやっておられる「瓶踊り」は、宴会芸としてこういうものがあった、ということであるけれど、それより何よりまず、糸満というところに「頭上運搬」の伝統があったゆえのことである。

戦後、車による運搬が普及し始めるまで、糸満漁港で取れた魚を糸満の女たちは頭にのせて那覇の市場まで運んでいた。話をうかがった２０１８年当時、80代、糸満市在住の西さん（仮名）は、彼女自身のお母さんを含め、糸満の女たちが魚を売りに行っていた姿をよく覚えておられた。

　女の人はね、魚を売るのが仕事ですからね。カミアチネーといってね、頭にのせて売りに行くわけです。バーキというざるにですね、魚を入れる。タマン（フエフキダイ）のような大きな魚はカミアチネーしませんね。グルクン（タカサゴ）とかスズメダイとかね、小さい魚をカミアチネーします。

頭の上に、ガンシナーという丸いもの（＊4）をのせて、ガンシナーの上に、板をのせるんですね。魚をざるに入れているから汁が出るでしょう、だから、頭との間に板をのせるの。この板は、魚を売る時のまな板にも使えますね。ガンシナーの上に板をのせて、その上に魚の入ったバーキをのせます。

いったんのせたら、片手でつかまえなくても歩けます。片手をつける人もいますけど。だいたい、つかまえなくてもそのまま歩けるんですね。20キロとか30キロとかをのせますから、一人ではのせられません。誰かに助けてもらって頭にのせるか、石垣の上にのせるようにしてから、頭にのせたりします（著者注：このあたりは先述の、石垣島で芋を運んでいた人たちと同じである）。

糸満の港に船が入ってくるのを見て、（船から）魚をおろして、午後の2時か3時ごろ港を出て、那覇の市場に夕方持っていく。母たちは、だから、朝じゃなかったですね。午後に運んでいました。那覇の市場まで歩いて1時間くらいかかりますから、運んで、売って、帰るころには夜になります。母が帰るころにはもう寝てしまっていたので、母が帰ってくる姿を見たことは、子どものころにはなかったですね。

糸満と那覇の間を小走りで急ぐ女たち

文献によると、糸満から那覇方面へのカミアチネー（頭にのせて行商する）は、早朝に水揚げされる魚を運び、一日に3回も那覇と糸満の間を往復する女性もいたという（＊5）。

糸満から那覇までは、12キロある。魚を運ぶのであるから、ゆっくり運んでいたのでは鮮度がどんどん落ちてしまう。30キロもの魚を頭の上にのせ、糸満の女性たちは、はだしで小走りくらいの速さで那覇へ急いでいたのだという。

『糸満市史』には、このような女性たちが、数名あるいは十数名も揃《そろ》って先を急ぐさまが描かれている。西さんの話にもあるように、多くの女性が片手を添えずに運んでいたようで、両手は体の横でひらひらと水をかくように振っていたといい、この手の振り方は独特だったため、イチマンティーブイ（糸満手振り）と呼ばれていたのである。「走っていましたよ」と西さんが言うくらい、大変な速さであったようだ。

西さんは、糸満の女性たちは、那覇に出た時に、たとえば遊郭《ゆうかく》の女性たちと間違われるこ

板にのせたりたらいに入れた魚を頭にのせ、糸満の海岸沿いの道を足早に行く女性たち。1960年頃（写真提供：糸満市教育委員会　撮影：東風平朝正）

とがないように、「小柄の着物」を着ていたのだという。大柄な着物や大きな縞柄《しまがら》ではなく、目立たない小さな柄の地味な着物を着て、糸満と那覇の間を、独特な手振りで、はだしで急ぐ女性たち。

30キロもの荷物をまな板を挟んで頭にのせ、何人もの女性たちがゆく姿。たいへん過酷な仕事だったことはわかるが、ととのえられた身体を駆使した、いかに美しい姿であったろうか。

これだけの距離を、そんなに急いで、それほどの重たい荷物を運んでいたら、落としたり、転んだり、アクシデントがありそうに思うのだが、西さんもまた、「落とした人のことは見たことも聞いたこともない」と断言する。転んだ人も見たことない。

だって、売り物なのに、落としたら、売れないじゃないですか。それに重たいんだから、一回落としたら、自分では頭にのせられないんだから、落としたりしませんよ!

うーん、そうはいっても、パフォーマンスの悪い人がいても、おかしくなさそうなものだが……。そこは、商売。転んでいる場合でも、落としている場合でも、ないのである。

「私はできません」の内容

こういう身体能力の高さを考えると、今、私たちが趣味でやっているスポーツとか武道とか、ダンスとか、まあ、それはそれですごいのだけれど、趣味の範囲でやっていると思ってしまう。

もちろんスポーツも武道もダンスも、やっておられる方は真剣にやっておられることを知っているし、自分がやる時だって真剣にやるし、そのことに嘘はないのだが、しかし、たとえばこの糸満の女性たちがやっていたように、また、モータリゼーション以前の世界中の人たちがやっていたように、ものを作ったり、ものを運んだりすることは、自らの身体能力のすべてをかけたことだったのだ。

今や、自動車もあるし、頭にのせてものを運ばなくてよくなってはいるのだが、頭にものをのせて運べたころの、自分の身体への理解と直感の力、意識の力がなくなってくることが、私たちの人間としてのあり方になんの影響もない、とどうしていえようか。

西さんは、終始、「私はできません」とおっしゃっていた。頭にものをのせて運ぶことが、できない、とおっしゃっているのである。しかし、だんだん話を聞いていくうちに、西さんができないのは、というか、やったことがないのは、「頭に30キロの魚の入ったバーキ（ざる）と板をのせて、糸満－那覇間を、イチマンティーブイ（糸満手振り）して走るように12キロ行く」ことだったとわかってくる。

頭にものをのせて運ぶことって、誰にでもできるんでしょうか、と聞くと、「できます」と断言なさる。「落とした人を見たことがない」と同じくらい、きっぱりと。これは誰でもできるのだという。

誰に習ったかって？　誰にも習っていませんよ。教わったことなんかないですよ。頭にのせたら、そのまま運ぶだけです。子どものころからやっているから、みんなできるんですよ、と言う。薪を積んだ「ヤンバルブニ」（沖縄本島の北部から来る船）が港に着くと、お盆と正月にはとにかく家族総出で、薪を取りに行き、家に薪を運ぶ。

西さん自身も、4、5歳のころから薪を運んでいた。小さいころは、ひと束、大きくなると、ふた束、3束、と大人が頭にのせてくれるのだという。

のせられたら、そのまま運ぶ。男の子は、それらを肩にのせて運んでいたらしい。周りがやっているのを見るから、そのまま子どもも運ぶのである（著者注：このあたりも先述の石垣島の方の語りと同じである）。

西さんは言うのだ。頭にのせた方が、重たいものは運べますからねえ。今でも何か運びますか、って？　そんなに運ばないねえ。でも、この間、お布団運びましたよ。お布団、２階に持っていく時、手では運べないからねえ、頭にのせて運びましたね……。

80代の方が、布団を頭にのせて運べる、というのは、やっぱりすごいパフォーマンスだと思う。重いと首が痛くなりませんか、というと、姿勢がよければ首は痛くならない、重すぎるものは、胸が痛くなります、とのことだった。泡盛の瓶？　私はのせませんよ、と、明るく笑っておられた。宴会芸の話では、ないのである。

（＊４）「ガンシナは歩行時における荷物の安定をたもち、同時に荷物の重量が及ぼす衝撃から頭部を保護するために考えられたものである。ワラシビを輪状に丸めて作ることが多いが、七島藺も使われていた」糸満市史編集委員会『糸満市史　資料編12　民俗資料』「第２章 生業　第３節 商業」121頁、１９９１年。

（＊５）糸満市史編集委員会『糸満市史　資料編12　民俗資料』「第２章 生業　第３節 商業」123頁、１９９１年。

沖永良部と芭蕉布と

80歳が率いる島の工房

沖永良部《おきのえらぶ》は突然の雨だった。

沖永良部島から鹿児島に向かう飛行機に乗る前に、2時間だけ時間があったので、「沖永良部芭蕉布《ばしょうふ》工房　長谷川」に連れて行っていただいた。雨なので、どこか室内で訪問できるところを探していた、ということもある。

雨の中、20分ほど車でお連れいただき、芭蕉布工房に着く。沖縄の伝統的芭蕉布を、ここ沖永良部の芭蕉を使って織り上げる。２０１９年時点で80歳の長谷川千代子さん率いる工房である。

沖永良部は奄美群島に属し、大島紬《つむぎ》（奄美群島、主に奄美大島の伝統工芸品として作られる織物）を織る方は少なくなかったという。千代子さんも、もともと大島紬の伝統工芸士

南西諸島

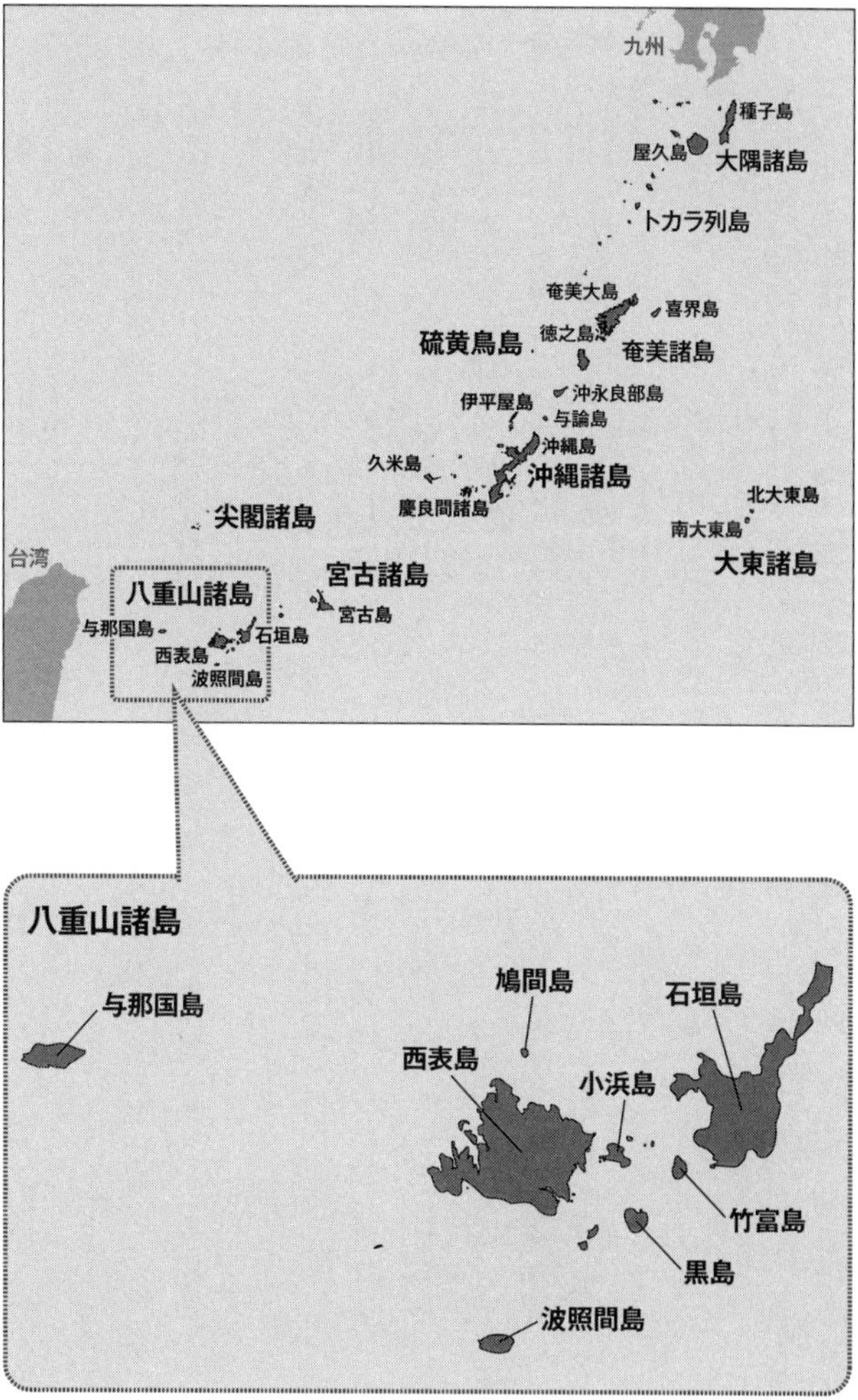

九州
種子島
屋久島
大隅諸島
トカラ列島
奄美大島
喜界島
硫黄鳥島
徳之島
奄美諸島
沖永良部島
伊平屋島
与論島
沖縄島
久米島
沖縄諸島
北大東島
慶良間諸島
尖閣諸島
南大東島
台湾
大東諸島
宮古諸島
八重山諸島
宮古島
与那国島
石垣島
西表島
波照間島
八重山諸島
鳩間島
石垣島
与那国島
西表島
小浜島
竹富島
黒島
波照間島

として大島紬を織っておられた、大島紬のプロ中のプロだったのだが、60歳を過ぎてから芭蕉布を織り始めたのだという。

大島紬について多くを語る必要はあるまい。「大島」という着物がどれほど値打ちがあり、素晴らしいもので、憧れられている着物か、ということは、着物好きでなくてもご存知の方も多いと思う。

今ではほとんど見ることもなくなったが、50年くらい前にはどの町にも、質屋というのがあった。お金がなくなると、ものを持っていって、質種《しちぐさ》として、質屋からお金を借りる。「大島紬」は質種としてよく知られていて、品のいい奥様で大島紬を持っていらしても、旦那が月末になるとお金を使いすぎて、キャッシュが足りなくなる、などという場合、大島紬を質種にしてお金を借りていた、という話は、何人からも聞いているのである。値の張る、よい着物として有名な織物なのだ。

大島紬の威力

着物のことをご存知の方にはいうまでもないことなのだが、値の張る、素晴らしい着物であっても、「紬」、要するに糸を染めてから織る「織りの着物」は、どこまでいっても普段着の域を出ず、結婚式とか卒業式とかお茶席などという「式」がついたり格式が高かったりするところに着ていける着物ではない。

そういう場では必ず「染めの着物」といって、白生地を染めた、柔らかい着物を着なければならないことになっている。

大島紬は値の張る着物ではあるが、正式なところには着ていけない、大変、贅沢《ぜいたく》な「普段着」なのである。

私がほとんど毎日、とりわけ仕事の時には必ず着物を着るようになってから、もう20年ほどになるのだが、着物を日常的に着始めると、改めてこの大島紬の威力というか、大島紬の素晴らしさというか、日常着としての快適さというか、すべてに圧倒されてしまう。なぜこの大島という「記号」が、着物好きの人に特別な意味を持つのか、よく理解できるようになる。羽のように軽いのに、冬は暖かく、夏は涼しく、着物も疲れないし、着ている方も疲れない。

着物は一日着ていると、しわもよるし、なんとなく着物が「疲れて」くる。一日の終わりにスチームアイロンをさっとかけて、衣紋掛《えもんか》けにかけて、次の日にしまう、ということを、着物を日常着にしていると繰り返すのであるが、多くの着物は一日の終わりには、かなりしわがより、なんとなくよれっとした感じが手に取っただけでもよくわかる。

大島は丸一日くらい着ていても、じつにぱりっと「元気」な感じがして、生地《きじ》が疲れていない。着物で海外にも出かけるけれど、大陸間の10時間を超えるフライトに着ていっても、よれよれした感じにならない、頼もしい着物なのである。

着物が疲れないだけではなく、着ている私も、この軽やかな着心地のおかげで、疲れない。完璧な着物だなあ、と思うのである。

芭蕉布との出会い

長谷川千代子さんは、この、素晴らしい大島の伝統工芸士であった。それだけで十二分に、プロ級のプロなのであるが、ある日突然、芭蕉布に目覚めたのだという。

だいたい、お話をうかがっていると、伝統工芸士であるのに、定年に近くなるまで役場の仕事もなさっている。家族を支える中心的存在でもある。女の人ってたくましく多彩に生きられるんだなあ、と、しみじみと思う。


役場に勤めていたんですけど、59歳で家族の介護をしようと思ってやめました。もともと、役場をやめて工房だけやっていきたい、とも思っていましたし。

で、どこだったかなあ、大きな新聞、朝日新聞だったかなあ、そこに三人の女優さんがお話をしている記事が出ているのを見たの。着物のお話をなさっていたのね。「あなたは芭蕉布持っている？」「いや、私はまだ持っていない。平良敏子《たいらとしこ》さんの芭蕉布が欲しい」とかおっしゃっているんです。その記事で、沖縄で芭蕉布を織っておられる平良敏子さんの仕事を知りました。

この記事を読んで、なぜか、これだ、というか、この人に会いたい、と思ってですね。もう行くしかない、と思ったんですね。家族も行ってきたらいい、と言ってくれました。だから沖永良部から沖縄の平良先生のところに急いで出かけました。

平良先生の芭蕉布の工房に行ったら、京都の有名な問屋さんが買い付けにおいでになっているのね。大島を織っていた時にその問屋さんのことは知っていました。ああ、こういう有名な問屋さんがおいでになっているんだ、と思いました。

芭蕉布を買い付けに、こういう問屋さんがおいでになっている。大島はもう、供給過剰じゃないかと、ちょっと思っていたから、これからは大島だけじゃなくて、芭蕉布を織っていこう、と、その問屋さんの姿を見て、確信しましたね。

そのころもうすでに80歳くらいだった平良敏子先生は、一人一人に優しくて、ですね。あら、あなた59歳？　ちょっと遅かったわねえ、と言われたんですが、平良さん、いや私は大島を織ってきたんです、伝統工芸士も持ってます、と言ったら、あら、あなた私よりすごいじゃない、芭蕉布は伝統工芸士はないから、私持ってないのよ、なんて言われて……。あなたには、では、芭蕉のところだけ教えてあげたらいいわね、あとは自分でできるわね、とおっしゃってくださった。３年間通いました。

芭蕉布はね、芭蕉を育てるところから全部、自分でやらないといけないですからね、やる人が少ないんですよ。織るだけ、糸を取るだけ、ではだめだから。エラブ（沖永良部島のこと）にはハブがいないから、芭蕉の収穫をしやすい。沖縄本島ではハブがいるから、畑の周りを叩いて確認しなければいけないから、大変。

平良先生に、あなたはいいわね、ハブがいない、芭蕉を収穫しやすい、素晴らしいところで芭蕉布を織れるわね、と言っていただき、それが励みです。もう、私の人生は、出会いだけで導かれています。

伝統は一人の思いによって受け継がれる

沖永良部と那覇の直行便ができたのは、2018年の夏から。つい近年のことである。それまでは沖永良部から沖縄へは、船で行くしかなかった。7時間くらいかけて、船で沖縄本島へ行き、また平良敏子さんの工房のある大宜味《おおぎみ》村《そん》喜如嘉《きじょか》まで、さらに5時間くらいかかった、という。

沖永良部から喜如嘉への道は遠かったはずだ。そこを、心《こころ》躍《おど》らせて渡って行った千代子さんの姿を思うと、話をうかがった私までわくわくして胸がいっぱいになった。伝統は、一人の熱い思いによって担《にな》われていくのである。今や、沖永良部の名品として有名な「沖永良部の芭蕉布」が、こうして作られていくことになったのである。

ところで、長谷川千代子さんは、今も日常的に、頭の上にものをのせて運ぶことがあるという。「ハシ」がないとのせられないわね、安定しないから、とおっしゃる。沖永良部で「ハシ」と呼ばれているのは、沖縄で「ガンシナー」と呼ばれる、藁をくるくると丸めて作る、いわばドーナツ型の「頭上運搬用クッション」である。それを頭上にのせてから、荷物をのせる。

沖縄本島でも何度も聞いていたが、実際にどうやって作るのかを見たことはなかった。千

ハシ（和泊町歴史民俗資料館展示のもの）

長谷川千代子さんが作ってくださったハシ

代子さんは、藁、ないかしら、あら、あった、あった、と戸棚から稲藁《いなわら》の束を取り出し、ほんの数分で、くるくると稲藁を丸めて、少しずつ止めていって、「ハシ」をその場で作ってくださった。

芭蕉布の伝承を一手に担う大島伝統工芸士の方が作り、最後のところをなんと貴重な芭蕉布で作った繊維でくるくると巻いて止めてくださったハシは、もう、宝物である。

水汲み

上水道の歴史、水汲みの歴史

水汲みは女の仕事である。世界中の多くの地で、そうであったと思う。上水道が整備されるまで、おそらく、世界中の女たちは水源から水を運び続けてきた……と書くと、「社会が近代化されて、やっと上水道を使えるようになる」という言い方にしか聞こえまい。

実際、上下水道の完備というのは、現代世界の開発目標の一つでもある。しかし、上水道は、約２０００年前の古代ローマでも、約４０００年前のモヘンジョダロでも整っていたのだというから、人類は、いったい、進化しているのか、退化しているのか、時折わからなくなる。

パキスタンで働いている友人は、地元の人から、「いいかい、どの国にも、その国の一番栄えた時代というものがあるんだよ。パキスタンではモヘンジョダロのころが最高に栄えていた時代だね。今は、だから、この国は衰退期にあるんだ」と言われて、そういうものか、と思ったという。

単純な近代化思考や、人類はどんどん発展していく、という考え方自体が幻想ではないのか、と、水の利用だけから考えても思いいたるところがあるのだ。

女の仕事、男の仕事

ともあれ、水汲みは女の仕事である。先にも書いたが、アフリカの地でも、水汲みは女の仕事である。アフリカの村に調査に入っていく人類学者の女性たちは、村の女性たちと同じことをしながら観察を続けるので、結果として村の女性たちがするのと同じように、水汲みをすることになり、その結果として、頭の上にバケツをのせて水を運ぶ、ということをしなければならなくなり、そして、できるようになる、という話はすでに書いた。

これが女の仕事、これが男の仕事、というふうに定義することは、現在ではもちろんポリティカリー・コレクトな言い方ではない。男女共同参画が世界の向かう方向である今、なにごとも、男も女も共同で関わり、同様に責任を持ち、なんでもやることがよいことになっている。

子どもを産むことは女にしかできないが、生まれた子どもを育てることも、もはや女の仕事ではなく、男も同様に参画することが求められることはもとより、「保育」という名の下に、子育ても社会化されることがよし、とされるようになった。

そんな中で、これは男の仕事、これは女の仕事、と言ってしまうこと自体がアナクロニズム、といわれそうなのであるが、おおよそ、世界の文化というものは、男の文化と女の文化がどのように絡《から》み合っているか、ということでその文化の特色というものができていたし、男女が同じことをする歴史よりも、男の文化と女の文化が異なっていた歴史の方が長いのである。おそらくは、上水道の歴史が、思ったより長いのと同じくらい。

沖永良部の「暗河」

沖永良部島でも、昭和30年代終わりから40年代にかけて上水道が完備されるまで、水汲みは女の仕事であった。

沖永良部島は珊瑚《さんご》礁《しょう》でできている島であり、地上に川があまりない。鍾《しょう》乳《にゅう》洞《どう》などのように地下に流れている場合がほとんどである。

沖永良部では、その地下に流れる川が、上水道ができるまで重要な水源となっていた。この地下に流れている川は、地元では「暗川」あるいは「暗河」とあらわされ、読み方はどちらも「くらごう」という。表からは見えない、地下の水脈、なのだ。

高低差のあるところを地下に降りて、そこから水を運び上げる。手で抱えたり持ったりするより、頭にのせて運ぶ方が運びやすいし、実際重いものを運べる。沖永良部の女たちは、毎日この暗川から水を運び上げるのが仕事であったという。

小学校高学年くらいからこの仕事を始め、中学生になっても、部活を終えて家に帰ってきて、まずすることは、この暗川からの水運びであったらしい。

昭和40年前後に小学校高学年くらいであった女性は、沖永良部ではリアルタイムの頭上運搬経験者である可能性がある。ということは２０２０年代に60～70代の方でも、頭上運搬の経験がありそうだ。

おそらく沖永良部は、日本国内で、最も最後まで頭上運搬が残っていたところの一つであろう。

住吉暗川（沖永良部島）へと下りていく筆者
（撮影：松本亜紀）

暗川の中に続く道（撮影：松本亜紀）

ハシとヌケ石

頭の上に水桶をのせて運んでいたわけだが、かなり重い水桶を自分自身で持ち上げて、頭の上にのせることはできない。誰かに桶をのせてもらう。

まず頭の上に、「ハシ」あるいは「ハッシ」と呼ばれる、藁でできたドーナツ様の形のクッションのようなものを置いて、その上に桶をのせる。

水場でしゃがみ、誰かにのせてもらって運ぶのだが、のせてくれる人が誰もいないこともある。誰もいない時には、自分で桶を頭の上にまで持ち上げることは不可能だから、まず桶を「ヌケ石」と呼ばれる腰より少し高いくらいの石の上に置き、しゃがんで少しずつずらしながら桶を頭にのせていたのだという（＊6）。

水汲みが女の仕事だから、頭上運搬は女にしかできなかったのかというと、そういうわけ

ヌケ石に手をのせる著者（撮影：松本亜紀）

ではなく、女がいない家では、誰かが水を汲みに行かねばならないのだから、男でも頭にのせて水を汲みに行ったという方もあったらしい。

季刊誌『暗河』——思想の底流

ところで、この、「くらごう」という名前には、強烈な既視感があった。

1970年代、石牟礼道子《いしむれみちこ》さん、渡辺京二《わたなべきょうじ》さん、松浦豊敏《まつうらとよとし》さんの3人が責任編集となり、熊本で、その名も「暗河の会」を作り、『暗河』という雑誌を出しておられたのだ。

リアルタイムでこの雑誌の存在を知っていたわけではないが、渡辺さん、石牟礼さんの仕事に惹《ひ》かれていく中で、この雑誌を集めていて、何冊か、手元にある。

この熊本からの季刊誌、『暗河』の名前をつけたのは、現在、福岡にある出版社、石風社《せきふうしゃ》の社長をなさっている福元満治《ふくもとみつじ》さんであるという。

責任編集のお一人、松浦豊敏さんの著書『争議屋心得』(＊7)に、製糖工場の争議に関わって、この「暗河」という言葉が出てくるのだ。

沖永良部に限らず、奄美、沖縄のほとんどの島々は、もともと稲や穀物を作っていた土地が、さとうきびにモノカルチャー化されていった歴史を持つ。

製糖の原料であるさとうきびの産地である南西諸島のことを、おそらく松浦さんは、見たり、話に聞いたりなさったことが多かったのであろうし、その中で、奄美群島の「暗河」に言及されたのであろう。

福元さんは、『争議屋心得』を読んで、地下を流れる水源である「暗河」という言葉をとても印象的に思われ、表面に見えることがどのようであれ、そこに流れている思想の底流、というようなイメージを付与して、雑誌の名前として提案されたのだそうだ。

なるほど、福元さんご自身には『伏流《ふくりゅう》の思考』(＊8)という著書もある。「暗河の会」の志されていたところは、よくわかるような気がする。

水場に下りて、水を汲む、という営み

沖永良部の暗川は、水場であるから、集落の存在の基礎にもなっている。集落によっては、比較的アクセスの楽な暗川もあり、なかなか下りていくのが大変な暗川もある。水場に向かう坂道は、狭く、湿っていて、滑りやすい。ある程度広いところもあったが、とても狭いところもある。

明るい日差しの地表から、ゆっくりと暗川に下りていくと、水の匂いがして、空気が湿っ

てくる。今は電球がついているから、中が見えないということはないが、日中でもほの暗い場所であったことはよくわかる。このようなところに毎日、女たちは下りて水を汲み、洗い物をし、自らの体も洗い、洗濯もしていたのだ。

水を得ることは、人が生きていく上でどうしても必要なことであった。必要だから頭上運搬が行なわれていた。変わることのない淵源が、暗川から、見える。

(＊6) 沖永良部の郷土史家、先田光演氏、伊地知裕仁氏にご案内いただき、教えていただいた。
(＊7) 松浦豊敏『争議屋心得』葦書房、1976年。
(＊8) 福元満治『伏流の思考――私のアフガン・ノート』石風社、2009年。

沖永良部の住吉暗川で水を運び上げる女たち。
1956 年（撮影：芳賀日出男）

突然できる、頭上運搬——カンボジアで、石垣島で

80代の人に残る記憶

「頭上運搬」は、日本では、伊豆諸島、南西諸島、瀬戸内沿岸、志摩、などで見られたといわれているし、アフリカや東南アジアなどではごく一般的に、今も使われている運搬方法である。

ここまで書いてきたように、頭上運搬では、手では運べないような重さ、具体的には30キロ以上のものを、何キロにもわたって運搬することができる。

日本国内では、地方にもよるものの、頭上運搬をしていた地域に生まれ育った２０２０年前後に80歳以上くらいの女性は、頭上運搬の記憶があり、今でも、やってくださいと言うと、できますよ、と言う。

これを読んでおられる方の多くは、頭にものをのせて運んでくださいと言われても、まず

できないと思う。やったことがないであろうし、見たことも、おそらくある人の方が少ないだろうし、だから、はなからできないと思われるだろうし、おそらく現実に、できないと思う。

聞き取りでも、頭上運搬を行なっていた人たちは、幼いころから日常的に頭上運搬をしていた。だいたい4歳くらいから、頭の上に薪などをぽんとのせられて、運び始めたことが多く、実際の運び手としての労力が期待される思春期には、すでに頭上運搬に慣れていて、重いものがのせられるようになっていた、という話を聞いてきた。

これは、ものごころつく時期の幼いころから習熟してこそ、そして、できると思う「意識」があるからこその、身体技法なのだろう、と考えていた。誰でもできる可能性はあるが、幼いころから周りがやっているのを見ていて、自分も何かしらを頭にのせていたからこそ、できる、というものであろう、と考えていた。大人になってからやろうとすると、かなりの練習と習熟が必要とされる、と思っていたのだ。

カンボジア——強制労働で運んだご飯

カンボジア在住の助産婦、ナリさんが生まれたのは、１９５６年である。話を聞いた２０

１９年時点で、60歳を少し出たところ。お父さんは地方の役人で、十分な地位と収入のある方で、１９６０年代、70年代初めの、フランス植民地の雰囲気の色濃く残るインドシナの街、プノンペンで闊達《かったつ》な少女時代を送っていた。

１９７５年４月17日、ポル・ポト派による、突然のプノンペン住民強制移住が始まる。プノンペンに在住するすべての人は、「すぐにこの街を出るように。３日間だけだから、荷物はそんなにいらない」と言われ、わずかの衣服と食料を持ってプノンペンをあとにしなければならなかった。

それからあとのカンボジアの方々の苦難の歴史については、多くの記録があるのでここに詳細は書かないが、数え切れない人たちが殺された、大虐殺の時代となってしまった。プノンペンを強制的に移動させられた人たちは、年齢ごとのグループに分けられ、農地における強制労働を強いられる。ナリさんも、慣れない田植えや稲の収穫作業に明け暮れる。

お嬢さんとして、プノンペンでお手伝いさんのいる家庭に育ったナリさんだから、周りの女性たちが頭上運搬をしているのは見ていても、自分は一度もしたことがなかった。お嬢さん育ちの人はそういうことはしない。

フランス語も英語もできる大学１年生だったが、もちろん、強制労働の場では、そういうことはひた隠しにしていた。ポル・ポトの兵士たちは、知的階層の人たちから殺していったからである。ナリさんは、字が読めないふりをして、父親はシクロの運転手だった、などと言って、出自を隠した。もちろん名前も偽名を使った。

そんなある日、女性たちが働くようにいわれたフィールドは、食事を作る小屋からは1キロくらい離れていた。昼食の時間には、女性たちがいる場所まで食事を運ばなければならない。

ナリさんと、もう一人の女性が、食事を運ぶ役目になり、キッチンに呼ばれる。そこで一人はスープを運び、ナリさんはご飯を運ぶことになる。

炊きたての熱い、50人分のご飯を運べ、というのである。とても手では持てない。二人で呼ばれたから二人で持つことができるかというと、もう一人は、天秤棒を使ってスープを運ばなければならないので、二人でご飯を運ぶことはできない。

当然、一人で、頭にのせて運ぶしか方法はない。頭の上に、布を敷き、その上に重くて熱いご飯の入ったバスケット（ざる）をのせて、1キロの道をナリさんは懸命に運んだ。

生まれてから一度もやったことはなかったですけどね、運ばなければ、殺されるかもしれないし、というか、命令を聞かなければ殺されるんですから、やらないといえば、まず、殺されます。それに、必死でフィールドで働いている仲間たちはお腹をすかせて待っているんですよ。私が運ばなければ、仲間はご飯を食べられないし、落としてご飯をだいなしにするわけにはいかない。

だいたい、ご飯が食べられなくて、薄いおかゆばかりしか出なかったこともあるから、ご飯がある、ということだけですごいごちそうなのに、もう、運ぶしかないですよね。

やったら、できました。

……ということだそうだ。手を離すことはできず、片手を添えながら運んだが、やれば、できた、というのだ。

石垣島――思春期に初めて運んだ芋のざる

やはり２０１９年当時、83歳だった、沖縄、石垣島に住むハツエさん（仮名）も、お嬢さん育ちだったので、幼いころは頭にのせて運ぶ必要もなかったし、やったこともなかった。両親共に戦時中に亡くなってしまったから、戦後、なんとかして兄弟とともに生きていかねばならない。思春期に入ってから初めて、自分の体重より重いような芋を、それまでやったこともなかった頭上運搬で、畑から家までの6、7キロに及ぶ道のりを運ばなければならなくなったのだという。

しかも、彼女は、30キロを超えるような芋の入ったざるを、「自分で」頭にのせていたというのだ。

そんな重いものは自分では頭上に上げられないから、誰か別の人に上げてもらって、また、下ろしてもらう、という話は聞いたことがあったし、自分ではのせられないから、まず、石のような台にのせてから頭にのせた、という話も、すでに書いた。

ハツエさんは、自力でまず、たくさんの芋の入ったざるを膝《ひざ》にのせ、そこから耳の脇を通して少しずつ自分の頭の上にのせたのだという。

「耳の脇ぎりぎりで上げていくから、耳がちぎれそうなほど痛かった」。

重いものを頭の上にのせた時は、両手を離すことはできず、必ず片手で、ざるをつかんでいた。片手でざるを支え、もう片方の手は、振る。片手だけでも、振らないと、歩けない。

本当は両手を振った方がよいので、軽い時は両手を振るけれど、重たい時は無理だから片手だけでも振る、というのである。手を上げていると疲れるから、時折、ざるを支える手を替える。

誰にも教わっていないし、誰にも教えていない。やらなければならなかったから、やるようになった。

自分たちよりも若い世代（２０１９年に70代の人たち）は、もう、リヤカーも自転車も使えるようになってきましたし、車もほどなく出てきましたから、頭では運んだことはないでしょう。何度も言いますが、誰にも教わった覚えはないし、自分も誰かに教える気もなかった。これは、やらなければならない、と思えばできるもの。人間の本能に近いものではないですかね……と、ハツエさんは言うのだ。

カンボジアや戦中戦後の沖縄などのような厳しい非常事態は、もう二度と訪れてほしくない。彼女たちがむりやり重くて熱いご飯や、自分の体重より重い芋を運ぶような時代は、もう来てほしくない。そんな過酷な労働が必要ないように、私たちは運搬道具や車を作ってきたのである。

しかし、彼女たちの言う「何の練習もしていないけれど、やろうと思えばできた」という言葉には、人間本来の身体づかい、というものについての、大いなる示唆が隠されている。

美しさ

日本の助産師に憧れるヨーロッパの女性

ジュリアはスイスに住む若い友人である。母親はスペイン人、父親はスイス人。国際協力に携わる両親がカンボジアで仕事をしている時にプノンペンで生まれた。助産婦になりたいという。

いい仕事よね、助産婦。なぜ助産婦になりたいの、と聞いたら、「〝玄牝（げんぴん）〟を観たから」という。

『玄牝』は２０１０年に公開された河瀬直美《かわせなおみ》監督の映画である。産科医、吉村正《よしむらただし》先生を追っている。ここは吉村正氏、と書くべきであるが、お産の分野で、本当に本質を追いかけ、とことんまで女性とお産のあり方を追求し、産科医として唯一無二の存在であった吉村先生のことは、やっぱり、吉村先生、としか呼べない。

吉村先生は２０１７年に亡くなったのだが、この映画は、世界に発信され続けているのだ。お産に関する活動やお母さんたちのグループに深く関わってきたから、日本国内では、映画『玄牝』は、一般公開後、さまざまな会で自主上映されているのを知っていた。

しかし、正直いって、ヨーロッパにいる若い女性が観るような映画になっていることは知らなかった。この映画を観て、ジュリアは助産婦になりたいと思い、日本を訪問したいとも思ってくれているのだ。

ジュリアは言う。お産って、こんなふうであり得るのね。ちょっと信じられなかった。私が知っているお産と、全然違う。

看護婦になりたいから、スペインの産院でもインターンさせてもらったの。女性たちはみんな泣き叫んでいて、家族も大騒ぎしていて、大仰《おおぎょう》なドラマのような現場で、何、これ？まるでアルモドバルの映画そのものじゃないの、って思った。

賑やかでうるさすぎる。なんかねえ、違うんじゃないかしら、これ、って思った。もっと静かなものだろう、って、直感で思っていたのね、お産って……。

『玄牝』を観て、ああ、これだよなあ、って、日本に行ったこともないのに、なんだか懐かしい気持ちになったのね。それで、看護婦じゃなくて助産婦になりたいと思うようになった。

助産婦になったら、ぜひ、日本にいらっしゃいね、と私は言う。吉村先生はもう亡くなってしまったし、メインストリームとしての日本のお産は、「何かあった時のために」、「世界中そうしているから」（本当じゃないけど）、「日本は遅れているから」（これも本当じゃないけど）、すべてのお産は第三次施設で行なうべきである、という、別に科学的根拠もない方向に進みつつあるものの、女性の産む力、赤ちゃんの生まれる力をできる限り生かそうとする開業助産所や規模の小さい産院も、かろうじて、まだ存在している。

いくらマイノリティーになろうとも、お産の本質を追求するプロフェッショナルと場所が、日本にはまだ存在する。そういうところでお産をしたい、と思う女性がいなくならない限り。ジュリアにそういう場所を見せてあげたいし、一般状況としてはなかなか苦しい中で、お産の本質を守ろうとしている日本の助産師に会ってもらいたい。

自然なお産をする女性の姿に魅せられ――産科医・吉村正

愛知県岡崎市にある吉村医院の院長であった吉村先生は、産科医としてはとにかく型破りな方であった。最先端の医療を、まずは志した方であったというが、その道すがら、出産をする女性の姿の見事さに魅せられてゆく。

自然な出産をする女性たちは本当に美しく、その姿は神々《こうごう》しい。性と生殖の営みの頂点に位置する出産は、女性を最も美しくするできごとであり得るのだ。

一人でも多くの女性たちがそういう自然で美しい出産ができるように、身体をととのえられるように、できるだけ古典的な薪割りなどの労働を産婦さんに勧めたし、落ち着いてお産をするための木造建築「お産の家」を計画して作り上げたりした。

１９９０年代も終わりのころだっただろうか、建設中の「お産の家」を見に行ったことがある。吉村先生と大工さんが、「ここにね、和服を着た女性が手をかけて外を覗《のぞ》くと美しいように、この窓は作ってあるから……」などとおっしゃっていたことを覚えている。

当時の私はブラジルの辺境に住み、毎日サンダルとTシャツみたいな格好で適当に過ごしていたのだが、その二人のつぶやきを聞いて、「お産の家の、この場所で、和服を着て手をかけて外を覗いてみる」ような女になることが、人生の目標の一つになったのである。

10年に及ぶブラジル生活を経て、21世紀になって日本に帰国し、紆余《うよ》曲折《きよくせつ》を経て、毎日和服を着て暮らすようになってすでに20年経つのだが、あの「お産の家」の窓に、たどり着けない。

たどり着けない、と言っているうちに吉村先生は亡くなってしまったし、いくら和服を着ていようが、還暦過ぎた女が「お産の家」の窓辺で外を覗いていいかどうか、というのは、それはそれで問題があるわけであって、あえて、訪問する勇気はなくなってしまって、今にいたる。

人が亡くなる、ということは、いろいろなきっかけや思いが、きっかけや思いのままに終わってしまうことを意味しているのだ。

「手術による分娩はやりたくない」などと、医者にはあるまじき言葉も吐く方でもあって、吉村先生の姿は産科医というよりも、産婆《さんば》ならぬ産爺《さんじじ》であった。

こんなドクターはまさに唯一無二、吉村正だけだった。

女性が好きで、美しい女性を見たい、だからとことんお産にこだわっていた。女性はもともと、本当に美しくあれるように、生まれてきている、と。

姿勢と所作の美しさ

女性の「頭上運搬」、つまりは頭の上にものをのせて運ぶことを追っている。

なぜ頭上運搬を追うのか、というと、失われた身体技法を追いたいから、とか、女性の身体の使い方がどう変わってきたかを知りたい、などと、いろいろいえるのではあるが、本当のところは、それが、女性の姿として美しいから、というのが一番大きな理由であり、きっかけであるように思う。

過酷な労働である頭上運搬を美しい、などと、今だから気楽に言えるのだ、とおっしゃるむきももちろんあろう。60キロのセメントを運んだ、などという女性たちの過酷な労働を繰り返させたいわけでは、毛頭ない。

しかし、写真を見るたびに、あるいは、実際に頭上運搬してもらうたびに、思うことは、その姿勢と所作の美しさである。

頭上運搬では、頭上にのせているものは、あたかも真っ直ぐに地球の中心、重力の発生するところとつながっているかのように、言い方を変えれば、頭上にのせているものは、まるで、運ぶ者の身体は存在しなくて、地上に置かれているかのように、運ばれなければならない。

頭上運搬を可能にする身体に、かたよりやこわばりがあっては、荷物はあっというまに落ちてしまう。自らを地球の中心に沿わせ、あたかも存在しないかのように、頭頂から足先までを真っ直ぐにゆるやかにととのえる。

よくゆるみ、かたよりとこわばりのない状態と、自らを重力に任せるような意識がないと、のせることもできないし、ましてや歩くことはできない。歩くどころか、小走りで12キロ走るように運ぶ、と、沖縄糸満の女たちには伝えられていたではないか。

伊豆の、とある島では、男たちの目の多い夕刻の時間帯に、わざわざ頭上に水をのせて歩いて見せるようにしていた娘もいた、ということである。はたから見て美しいだけでなく、自分たち自身も、過酷ではありながら、その姿は美しい、という自覚も、おそらくははっきりとあったのではないのかと思われる。

頭上運搬ができる、ということは、一家の働き手として一人前である、というアピール以上に、女としての身体のととのえ方において、自信と余裕を持っている、というあらわれであったとはいえまいか。

Ⅱ　頭上運搬の記憶をたずねて

昔々あるところに……

昔々、祖母の祖母のころの話

「昔々あるところに……」で始まる、日本の昔話に出てくるおじいさん、おばあさんの多くは、腰が曲がっていた。絵本やお話に出てくる様子では、とりわけおばあさんの腰が曲がっていたものである。「腰が曲がる」は、日本の「昔々あるところ」にいたお年寄りの、ある意味、典型の姿であったのだ。

　これはお話の中だけのことではなく、私自身の祖母にあたる年代の女性たちも、たしかに腰が曲がっていた。母方の祖母は明治38年、つまりは１９０５年、20世紀が始まったばかりのころに山口県で生まれた人であった。祖母は、まさに日露戦争の最中に生まれているのだ。

　２０２０年代初め、一応まだ現役で働いている私くらいの年齢の者が、はっきりと記憶し、言葉を交わし、愛し、慕《した》った人は、20世紀が始まったばかりのころ、明治維新の記憶もそれほど遠くないころに生まれた人だったわけである。私の世代がはっきりと覚えている人が、19世紀の終わりか20世紀の始まりの生まれである、ということに改めて驚く。

その、私のはっきりした記憶にある祖母の、そのまた祖母にあたる人は、天保11年、１８４０年の生まれである。このくらいの年代までは、現在の役所が情報を持っていたりするので、個人のレベルで役所に出向けば調査可能なのだ。

調べてみたところ、母方の祖母の、その祖母、田中コトさんは、天保生まれなのであった。当然ではあるが、堂々たる江戸時代の人で、その数年前には大塩平八郎の乱などが起こっていた時代の方なのである。

明治維新の中心で活躍する皆さまも、だいたいその時代の生まれの方が多い。黒田清隆は、コトさんと同年の天保11年（１８４０年）生まれ。また、コトさんの出身は山口県であるから、なおさら、維新で活躍した方も少なくなくて、たとえば伊藤博文は天保12年（１８４１年）生まれ。

私の母のふるさとは、伊藤博文の生まれた村の隣村であったから、私の祖母の、そのまた祖母のコトさんは、幼い日の伊藤博文公に会ったこともあったかもしれない。伊藤博文の親が萩の下級武士の養子になる、そのさらに前、山口県の山あいの村での話である。時代というのは、思ったよりも、顔の見える範囲で推移している。

「つ」の字に腰が曲がる老女たち

そのコトさんの孫にあたる、母方の祖母は、山口県で農業を営んでいた。もともと農家だったわけではないようで、山口県の山あいの村に育ち、いとこ同士で結婚した祖父母は、若くして、博多の目抜き通りで運送屋を立ち上げている。山口県から一旗上げに行くところは、博多なのであった。

結構羽振りのよい商売をしていたようで、何人も人を使い、親戚を呼び寄せた。福岡は天神に大きな看板を掲げて、従業員と家族で映った写真には、奥様然とした祖母に抱かれている幼い母親が収まっている。

手広い商売をしていたようだが、よくある話で誰かの保証人になったとかで、すべての財産を失い、山口県に戻ってきた。その後は祖父母で農業をしたり小さな店を営んだりしていて、私の知っている祖母は、毎日畑に出て仕事をしていた、農家の主婦であった。

よく働く祖母であったが、畑からの行き帰りには、荷物を「かるうて」いた。「かるう」というのは、背中に背負うことである。

博多で運送店をしていたころの祖父母一家と従業員たち

祖母は、荷物を頭にのせるのでもなく、額に紐をかけるのでもなく、背中に背負っていた。背中に背負いながら歩く、という姿勢では、常に若干、腰は曲がっている。そのあたり（山口県周南地方）の農家の女たちは、だいたい年齢がいくと、腰が曲がってくる。祖母の姉には、腰が、常に「つ」の字に曲がっている人もいて、幼いころに、どうやって寝るのかなあ、なんて思った覚えがある。

「かるう」は山口県周辺の方言だったのだと思うが、このように「背負う」形の運搬をやっている地方では、不可避的に女性の腰は曲がる。「昔々あるところに……」の昔話のように。

永良部では腰は曲がらない

ひるがえって、沖永良部島の女性たちは、年齢を重ねても腰が曲がらない。ずっと姿勢がよいのだという。実際に年配の方に会っても、ぴん、として姿勢がよい。それはもちろん、前節までに書いてきたように、「頭の上にものをのせる」からであろう。真っ直ぐな姿勢でなければ、頭にのせたものは、当然ながら落ちてしまう。

自分たちでも、「永良部では腰は曲がらないよね」「うん、そうだよね。首は短くなるけどさ。頭に重いものをのせたからね」とおっしゃっている。みんなそうしてきたから、腰の曲がった年寄り、というのは、見たこともないという。

「腰の曲がったおばあさん」というイメージは、背中に荷物を背負う地域のものであることがわかる。頭上運搬している人たちは、背中が曲がらないのである。

いわゆる「昔話」のおばあさんは、腰が曲がっていて……というイメージが、これだけ強いことを考えれば、全国的にはおそらく「頭上運搬」はスタンダードではなかったことがわかる。多くの地方では、荷物は背負われていた、ということだろう。

「神津島女の運搬能力」

1939年に発行された『昭和医学会雑誌』に「神津島女の運搬能力」(*9)という短い論文が掲載されている。神津島《こうづしま》は伊豆諸島にあり、人が住む島としては伊豆諸島の最も西に位置するといわれる。

この論文の作者の野崎という人は、どうやらこの島民の診療にあたっていた人ではないかと思われるが、この島の女性たちの頭上運搬に並々ならぬ興味を抱き、調査を行なって、論文としてまとめているのである。

つまり、「頭上運搬」は、当時の人たちにも、「目にすると驚く」レベルのことだったのだ。

「昔々あるところに……」の多くの地方では、頭上運搬はしていなかったことが、ここでもわかる。

論文によると、神津島の女たちは、船着場では荷物を頭上にのせて運び、畑では肥料の運搬を営み、家では水汲み桶を運ぶ。すべて頭にのせ、2つの桶の場合は天秤棒を頭にのせてその両側に桶を吊《つ》るすのだという。

神津島は急勾配《きゅうこうばい》が多いので、頭にのせることが一番理にかなっているのだろう、と記されている。ここでは、一人前の女子であればだいたい16貫目《かんめ》程度の運搬能力を持っているという。1貫目が約3・75キロだから、16貫目とはおよそ60キロほどの重さではないか。体重より重い荷物を頭にのせていたというのである。

散在する「頭上運搬の風」

この論文では、実名入りで、12歳から60歳までの22名の女性たちの現在（その当時）の「負荷能力」（と書いてある）と、彼女たちが17～18歳のころに有していた「負荷能力」とが記してある。

23歳のフジ子さんは、17～18歳の時には20貫目しか運べなかったが、今は21貫目運べるのだという。21貫目とは、約78キロなのだが……。

米子さんは、50歳の今も、21貫目は運べるし、現在60歳のアサさんも、まだ、14～15貫目を頭にのせられるのだと記されている。

すでに記した沖縄本島の糸満の魚売りの女性たちも、石垣島の芋を運ぶ女性たちも、沖永良部で水を運ぶ女性たちも、だいたい運べるのは「30キロくらい」と言っていたものだ。この神津島の論文に出てくる女性たちは、その倍くらいの重さを運んでいた、ということではないか。

神津島の論文を書いた野崎は、「ここに最も愉快を感ずることは島の老婆の姿勢である。すなわち年老いたる老婆も誰も女たるものは一人として腰の曲がりたるもの絶無なることである」と記している。

論文に書かれるくらいだから、珍しいことだったのである。頭上運搬も、「腰が曲がらない」老女も。

日本で女性たちが頭上運搬をしていたのは、中国、四国、九州の海岸に多く、南西諸島の島でもいくつか見られる。女性民俗学者の草分け、瀬川清子《せがわきよこ》（１８９５～１９８４年）は「頭上運搬の風が、あちらにも、こちらにも、と云う風に散在して居る」と書いている。日本国内のどこで頭上運搬をしていたかは、ある程度調べられているので後述する。

（＊９）野崎茂夫「神津島女の運搬能力」『昭和医学会雑誌』１巻（１９３９年）３～４号、232～233頁。

箱枕とインボンジリ

日本髪を結っていた時代

女の髪をどのように結い上げるか、というのは、文化そのものである。結い方も美しいし、結い上がった髪も美しいし、服装とのマッチングもまた美しい。

自分一人では結うことはかなわず、寝る時にも髪を解かず、毎朝なでつけて髪のほつれがないようにしていた日本髪の芸術性はいうまでもない。

今となっては想像するのも難しく、時代劇で出てくるのを見るくらいになってしまった日本髪だが、皆がこういう髪型をしていた時代もあったのだ。

「背もたれ首モゾモゾ体操」という、変わった名前の体操がある。椅子の背に首をのせて、そっとモゾモゾ動かし、いわゆる「盆《ぼん》の窪《くぼ》（首の後ろの中央のくぼんだところ）」あたりをやさしく刺激する「ゆる体操」の一つである。長い名前なので、「首モゾ」と呼ばれたりしている。

テレビの健康番組でご覧になった方もあるかもしれない。「ゆる体操」創始者の高岡英夫《たかおかひでお》の著作（＊10）を見ていただくと、詳細なやり方がわかる。

目や頭の疲れが取れ、じつにすっきりする。机やパソコンの前で日がなお仕事をなさっている方には、特におすすめである。

いわゆるオフィスチェアに多い、背もたれが丸い椅子ではやりにくく、背もたれの上の部分が少しエッジのきいた感じになっている椅子だとやりやすい。最近、椅子を選ぶ時には、つい、「この椅子は〝首モゾ〟がやりやすいだろうか」を見てしまう。

自分自身の体をととのえる基本として、ゆる体操を毎日やっているし、指導員でもあるので、人に教えることも少なくない。たくさんあるゆる体操のうちでも、この「首モゾ」は、最も気に入っているし、よく行なう体操の一つである。

どちらかというと頭もパソコンも使うことが求められる仕事なので、いささかでもましな使い方をしたいと思うため、頻繁《ひんぱん》にこの体操をやっているのである。

ゆる体操と、箱枕の再発見

自宅の仕事部屋は畳の部屋なので、椅子がない。それならば、畳に寝そべり（行儀は悪い）、椅子の代わりに、何か、箱状のものを首の後ろにあてて、モゾモゾやればよいのではないか、と思い、やってみたら、おお、これは日本髪を結っている時に使う「箱枕」の発想そのものではないか、と気づいた。

具体的に使ったのは、手元にあった、「正座用の椅子」である。携帯用の折りたたみの、いわば、「お尻置き」のようなもので、法事の席とか、お相撲を見に行ったりする時など、長く正座をする時に、足がしびれないように、お尻の下に入れておくものである。

これを横にして、畳の上で寝て、首を置くとちょうどよい感じだったのだ。それを使ってみて、あれ、これ、これは「箱枕」ではあるまいか、と思いついたのである。

箱枕……。結った髪、髷《まげ》の髪が乱れることがないよう、一昔前には広く使われていた日本の枕である。

今、普通に使われている枕は、いわゆる、頭の下に置くクッションのようなものであるが、箱枕は、いわば結った髪が床につかないように首筋を支えるための、箱型のものであり、現代使われている枕とはそもそも発想が違う。

時代劇では夜寝る場面で登場しているし、今も舞妓《まいこ》さんや芸妓《げいこ》さんなど、日本髪を日常的に結っておられる方々は使っておられるようだし、その存在自体は知っていた。

しかし、あんな枕ではさぞかし寝にくいだろうなあ、という感想くらいしか持っていなかった。日本髪で髪を解かずに寝なければならなかった時代は大変だっただろうなあ、くらいしか思いついていなかったのだ。

和服の生活が育てた身体能力

畳の部屋で、横になり、「正座椅子」を使って「首モゾ」の体操をしながら、これはまさに、箱枕の発想ではないか、と思い、さっそくホンモノの箱枕を購入してみた。

京都の寝具屋さんが今も作っておられる。木製の箱枕の上に、小さな布団様のものがついていて、頭があたるところが痛くないようになっている。

これが、意外に悪くないのだ。眠れないのではないか、と危惧していたが、そんなこともなかった。ちゃんと寝られるし、頭がすっきりして目覚めるような気がした（とはいえ、慣れていない私は、気づくと枕から頭が落ちて寝ていたりするので、結局愛用するにはいたっていないが……)。

昔の人は皆、こうやって箱枕を使い、自然に「首モゾ」体操のような、おだやかな刺激を得ながら寝て、そして、結構頭がすっきりして目覚めていたのかもしれない。首筋への的確で適度な刺激とともに眠るのは、なかなかよろしいのではないか、と、やってみて思えた。

日本髪の女性だけでなく、髷を結った男性たちも皆、箱枕を使っていたわけだから、結構長年にわたって多くの人が使っていたものであることを考えると、「髪型が崩れない」以外の理由も、ひょっとしたらあったのではないのか。

和服とそれに伴う諸々の形式は、今では「きつい」「苦しい」「動きにくい」で片付けられていることも少なくないが、じつは私たちの先達が仕組んだ身体能力向上の鍵が隠れているのではないのか。

どきどきするような、箱枕の再発見であった。

頭上運搬に見られる髪の結い方の工夫

と、まあ、箱枕の再発見は興味深いことであったが、「頭上運搬」をするためには、どう考えても、結い上げた日本髪はふさわしくない。

世界的に見ても、女の髪はもともと長いものであり、大人になれば、結い上げるものであって、ショートカットが現れたのは歴史的には割と最近のことである。長く伸ばして結った髪で頭上運搬をすることになれば、髪の結い方にもそれなりの工夫があったに違いない。たとえば、薪から水運びまで頻繁に頭上運搬を行なっていたことで知られる伊豆大島では、昭和初期まで「サイソクマゲ」とか、「インボンジリ」と呼ばれる、日本髪とは全く異なる髪の結い方をしていたことが『日本髪大全』で報告されている(＊11)。

伊豆大島は古くから椿油《つばきあぶら》の産地として知られており、島の女たちは、この椿油の恩恵を受けて髪を手入れし、長くて黒い豊かな髪を自慢にしていたのだという。

身の丈に近いくらいの長い黒髪を、自分で結い上げ、手ぬぐいをかぶって頭上運搬をしていたらしい。

「サイソクマゲ」「インボンジリ」――伊豆大島独特の髪型

「サイソクマゲ」は、未婚の女性の髪型である。前掲書によると、長く伸ばした髪を後ろでまず一つにまとめ、それらを20～25センチくらいの幅で折りたたんでいって、真ん中を打紐《うちひも》で束ねたような髪型であるらしい。

その髷を、14〜15歳くらいまでは縦にするということだ。そして結婚適齢期になると、髷の向きを変える。

髷の向きが変わったことで、夫の訪れを願っているということを示しているということで、「サイソクマゲ」と呼ばれているのだ、と説明されている。

それに対して「インボンジリ」の方は、既婚の女性の髪型のようで、こちらも前掲書では、折りたたんだ髪の中央に毛先を巻きつけてかんざしで真ん中をとめる、というふうに説明してある。

サイソクマゲもインボンジリも、前掲書には写真もあるものの、いまひとつ、どういう髪型でどのように結っていたのかがよくわからない。「インボンジリ」は「いぼじり巻」として、島外でも結われていたようであり、「いぼじり」とはカマキリの古名らしいのだが、いったい何がカマキリのどこに似ているのかもよくわからない。

伊豆大島ではどちらの髷を結っても、手ぬぐいをかぶっていたとのことである。具体的なこれらの髷の作り方についてはいつか教えを乞《こ》いたいものだ。

（＊10）高岡英夫『脳と体の疲れを取って健康になる　決定版　ゆる体操』ＰＨＰ研究所、２０１５年。
（＊11）田中圭子『日本髪大全』誠文堂新光社、２０１６年。

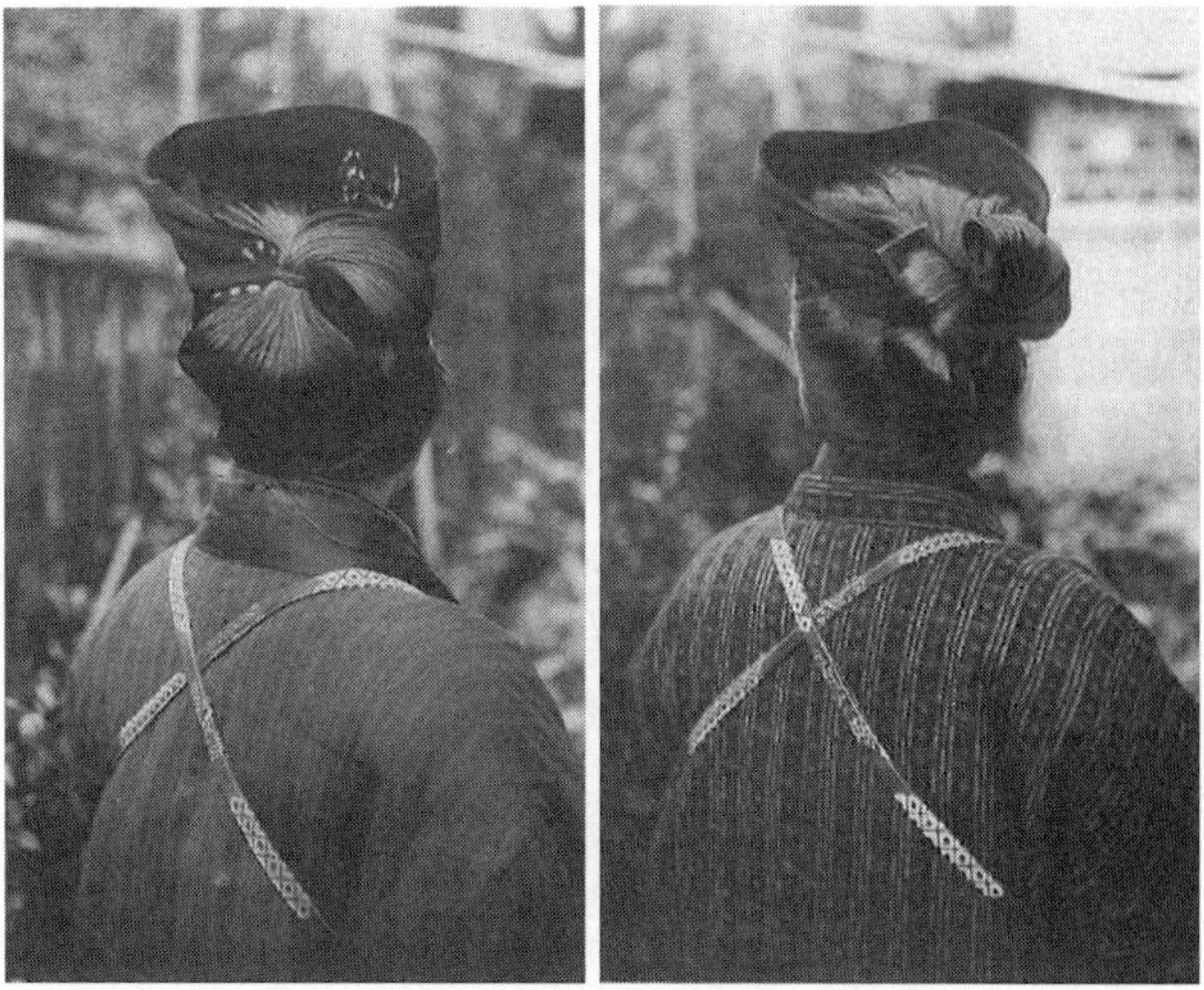

サイソクマゲ（左）とインボンジリ（右）（誠文堂新光社『日本髪大全』より）

つ　い　ぼ

近くて遠い神津島

伊豆諸島の頭上運搬を追って、若い研究仲間と神津島に行こうとした。伊豆諸島は東京都の島々なのであり、とりわけ伊豆諸島北部の伊豆大島から神津島などは、距離としては結構、東京から近い。空路を使えば、本当に東京から近く、調布飛行場から1時間かからないくらいで神津島に着いてしまう。

沖縄や奄美など南西諸島のことを考えれば、じつに近い。近いけれど、そんなに簡単に行けない。神津島への飛行機のチケットはなかなか取れないし、取れたとしても、天候次第でキャンセルされてしまうことも少なくないのだ。

まず、チケットは、販売1カ月前の日の、朝8時半から電話で予約する。これが、まるでコンサートのチケット取りのような状態になっていて、ちょっと油断すると、もう空席がない。

なんといっても、飛んでいるのはドルニエ228というドイツ製の19人乗りの飛行機。大変優秀な航空機だそうだが、たった19人しか乗れない。19人しか乗れないのだから、プラチナチケット化するのも、むべなるかな。

とにかく朝8時半に電話しなければならないが、日中に働いていると、平日の8時半などという時間にチケット取りの電話などできないことが普通なので、私たちも今回の渡航にあたって、「チケット取りアルバイト」を雇って、8時半から電話してもらったくらいである。それほどの思いをしてやっとチケットをゲットしても、天候次第で飛ばないことも多い。

台風が来たとか、大雨警報とか、そんな大変な天候不順になったから欠航する、というだけではない。雨が降っていなくても、霧が出ていたら、まず飛ばないのだそうだ。結果として、飛ぶかどうかは当日までわからない。

6月に訪問することを予定していて、チケットも取ったのだが、当日は荒天というほどでもなかったが、天気がすぐれず、結果として欠航した。

欠航したら次の便に乗れるかというと、空いていれば乗れるのだろうが、空いていないことも多い。なぜなら前述したように「19人乗り」のプラチナチケットだから、次の便も、す

伊豆諸島

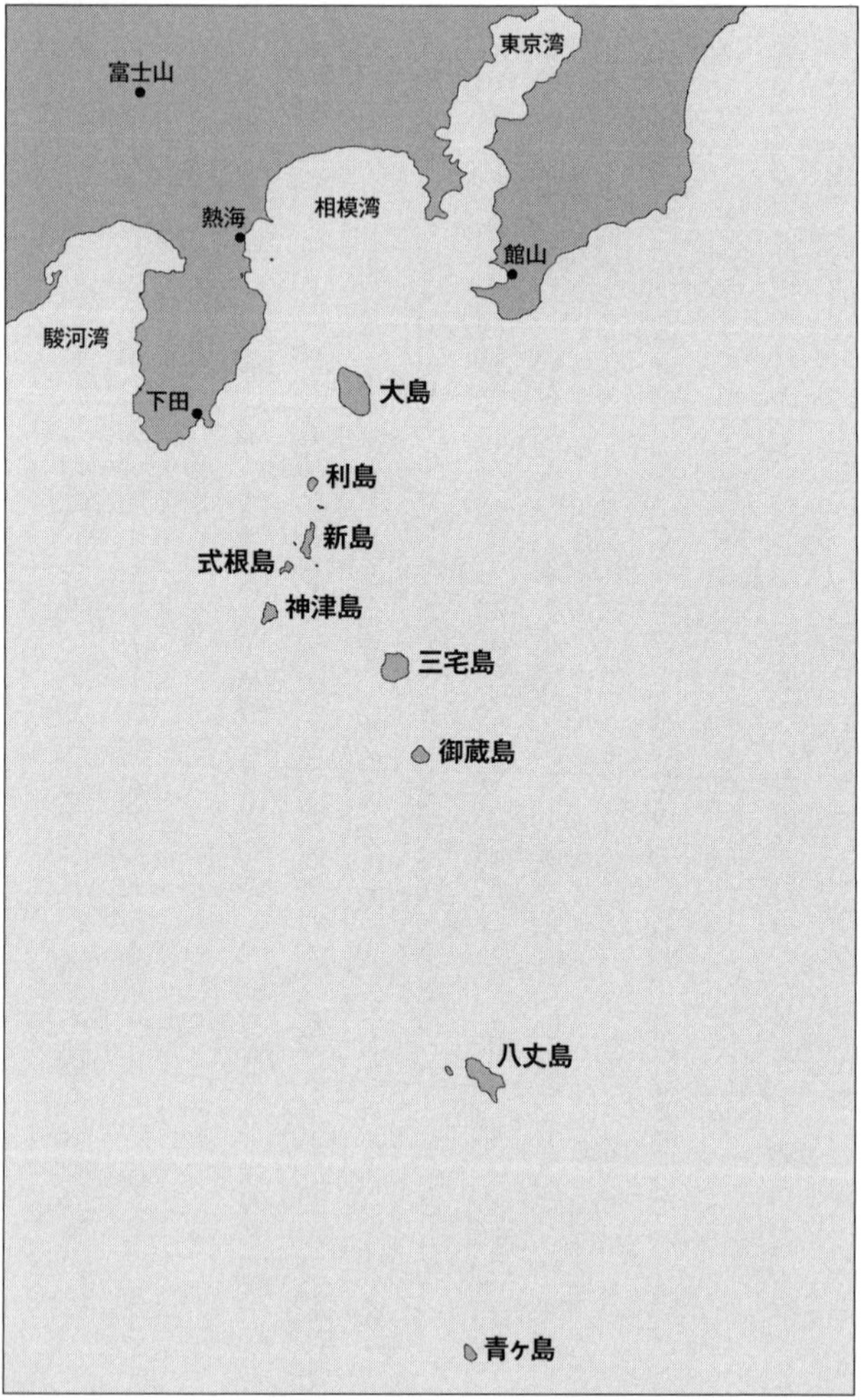

でに予約した人でフルブッキング状態だからである。

島に住んでいる方々のおっしゃることには、ちょっと予定が入りそうなら、キャンセルすることになったとしても、まずは予約しておくのだそうである。

ともあれ、私たちは６月中の渡航はできず、９月になってやっと神津島に行き着くことができた。沖縄や奄美などの遠方の島よりよほどアクセスが悪い、とは、こういうわけである。行けるか行けないか、ぎりぎりにならないとわからないし、行けなかったら、すぐに再渡航計画が立つわけではない。

『天気の子』の神津島は、「頭上運搬」の地でもあった

そんなふうにして、やっとたどり着いた神津島である。離島ではあるものの、そこは東京都内であり、また、うまく飛行機に乗れれば、１時間半で渋谷に到着できるようなロケーションだから、なんとなく都会っぽいところもあり、豊かな島の自然と、そのなんとなくの都会っぽさの共存が、なんともいえない魅力をたたえた島である。

沖縄より澄んでいる、と地元の方の言う、真っ青な海があり、有名なダイビングスポットらしいし、日本で一番美しいといわれるような白砂の浜辺もあり、東京からの所要時間の短

さを考えると、信じられないような景色が広がる。

日本人が海外渡航を盛んにするようになる前、つまりは１９７０年代から80年代にかけて、国内で巻き起こった離島ブームは、この島にも押し寄せ、島に一つだけある集落のほぼすべての家が民宿をなさっていた時期もあるのだという。

我々が訪れた２０１９年は、『君の名は。』で国民的映画監督となった新海《しんかい》誠《まこと》さんの新しいアニメーション映画『天気の子』が封切られ、神津島はその舞台の一つとなった島として話題になっていた。あちこちに『天気の子』のポスターが貼られており、この高校が主人公のいた高校ですよ、とか、この展望台は映画に出てきますよ、などと教えていただいた。

映画も観たが、映画公開後に起こった２０１９年10月の幾度もにわたる大雨を彷彿《ほうふつ》とさせるような場面もあり、優れた芸術家の直感と洞察力について改めて考えさせられた。中高生の若い世代にとりわけ愛されたこの映画の発想は、この島にある、ということであろう。

そういう神津島を訪ねたのは、この島が伊豆諸島の中でも、最後まで頭上運搬が残っていたところではないか、と聞いたからである。

利き手で「ついぼ」をつき、反対の手で荷物を支える

坂道を運ぶには、「ついぼ」がないとね、やりにくいわね、と、ふさ子さんは言う。２０１９年当時、80代のふさ子さんは、伊豆諸島神津島で暮らしてきた。「ついぼ」とは、棒であり、杖《つえ》である。

　伊豆諸島神津島の女たちは、集落の周りに坂や山の多いこともあって、頭上運搬によってものを運んできた人たちなのであるが、頭上にものをのせて運ぶ時は「ついぼ」をついていたのだ、という。

　神津島での頭上運搬は、南西諸島で聞いていたように、両手を離して歩くわけではなかった。両手で支えて運んでいたこともよくあった。しかし最も多かったのは、片手で荷物を支え、もう片手で「ついぼ」をつくことである。

　平らなところであろうが坂道であろうが、この「ついぼ」、つまりは、杖をつく。頭にものをのせたら、杖をついて、足のバランスを取ると運びやすかったのだという。どこに行くにも杖はつきもので、持っていかないことは、まずなかった。

　頭上に荷物をのせると、利き腕で「ついぼ」を持つ。利き腕でない方で荷物を支える。ずっと片手で支えていると、疲れるでしょう、と聞くと、疲れるけれど、しょうがないから、

神津島でついぼをついて芋を運ぶ女性（郷土史研究者提供）

とのこと。

「ついぼ」はだいたい地面から胸の高さくらいの長さで、持ち方に特徴がある。人差し指から小指の４本の指で棒をつかみ、ついぼのてっぺんに親指をのせる。決して４本の指と親指で棒を握るような持ち方はしない。そんな持ち方じゃあ、意味がないから、とおっしゃる。

「ついぼ」のてっぺんに親指をのせていることで、うまくバランスが取れて、頭上にものをのせて運べる、というのだ。

頭にまず「あげもの」をのせて、それから荷物をのせる

バランスが取れて歩きやすい「ついぼ」の丈、つまりは親指でおさえる位置は、だいたい胸の位置、と書いたが、それぞれの女性によって、やりやすい位置が決まっている。その位置に親指がくるように「自分の長さ」の「ついぼ」が必要になるのである。

竹林の竹を切って使ったりしたこともあるし、近所の大工さんにすべすべした木で作ってもらったこともあるという。妻の背丈に合わせて作ってあげたこともある、と言う男性もおられた。

頭の上には、「あげもの」をのせる。これは、南西諸島で使われている、藁をドーナツ状

の形にして頭の上に置く「ガンシナー」とは異なる、布製のものである。頭の上に直接、運ぶものをのせると、滑って落ちてしまうから、布をぐるぐる巻いたものを頭の上に置いて、その上に運ぶものをのせて、落ちないようにするのである。

ネルや布団生地の古くなったようなかなり大きな布を使い「あげもの」にする。この布を、家を出る時には腰に巻いておき、いざ荷物を運ぶ、となった時には、腰から外してくるくると巻いて頭上にのせて、クッションのようにする。

ふさ子さんに、南西諸島の「ガンシナー」を見せると、あら、これじゃあ、かたいから頭が痛くなるんじゃないかしら。私たちは「セメンさぎ」といってね、30キロのセメントの袋をふた袋、頭にのせて運ぶ仕事もしたりしたから、柔らかいものをのせていないと、痛かったと思うのね、とおっしゃる。

「ついぼ」と「あげもの」はどうやら神津島独特のものであるようだが、伊豆諸島のほかの島々については詳細がまだわからない。

頭上運搬の分布——日本のどこで見られたのか

日本で頭上運搬は、どのように消えていったのか

頭上運搬について学ぶ時、文化人類学者である川田順造氏の研究は、大変参考になる。前にも紹介した、まさにそのものずばり『〈運ぶヒト〉の人類学』などの著書がある。西アフリカ地方の人の体型は、骨盤が前傾しているために、荷物の重さが、荷物をのせた頭から直下して、そのまま腰に下りるから、体型自体が頭上運搬に適している、という記述もある（＊12）。

たしかに西アフリカに限らず、アフリカに行くと、現代でも頭上運搬を街中でも普通に目にすることになるし、その姿勢があまりに堂々としているから、頭上運搬を体型から議論したくなるのは、本当によくわかる。

一方、頭上運搬は、アジアの各地や、また、これまでにも書いてきたように、日本の各地

でも行なわれてきたことを思うと、また、聞き取りをしてきた頭上運搬経験者のほとんど全員が「やろうと思えばできる」という言い方をしていることからすると、頭上運搬ができるかどうか、うまく使いこなせるかどうかは、おそらく体型に深く関わっているというより、身体意識と身体の使い方に関わることではないかと思っている。

実際、川田氏の論文でも、頭上運搬は、かつて、世界各地の広い範囲で行なわれていたと思われるが、どのような条件が頭上運搬を消滅させたのか、広汎な比較を行なって明らかにすることがのちの研究課題になりうる、ということが指摘されている。

広汎な比較はすぐにはできないが、少なくとも、日本における頭上運搬がどのように消えていったのか、については、さまざまに話を聞いたり考えていくことはまだできるように思われる。

現在、必要に迫られて日常的に頭上運搬をしている人は、日本にはもう、いないと思うし、日常的に見ることもなくなっていると思うのだが、「以前は行なっていたが、今はやっていない」と言う人たちの中には、２０２０年代の今、まだご存命の方も少なくない。

自分は行なわないまでも、周囲が頻繁に頭上運搬をやっていた、ということを見ていて、記憶している人は、もっとたくさんいる。

頭上運搬を覚えている人は、日本のどこにいるのか

頭上運搬をしていた人、していた人を覚えている人は、具体的に国内のどこにいるのだろう。

ここまでにも南西諸島や伊豆諸島での何名かの頭上運搬の経験について書いているし、薪などを頭にのせて運ぶ京都の大原女《おおはらめ》などの存在もよく知られているのだが、じつはもっと広範囲に広がっていたことがわかっている。

日本の頭上運搬の分布については、昭和26年（１９５１年）に出版された『民俗學辭典』の分布地図（＊13）が代表的なものであるといわれる。

35カ所の地方が挙げられているので、少し長い引用となるが地名を挙げてみよう。現在では地名が変わっているところも少なくないが、調べればすべて場所の特定は可能である。

この分布地図に挙げられているのは昭和26年の段階での、35の地域である。漢字は新字体で表示している。

1．宮城県牡鹿《おしか》郡江島《えのしま》

2. 東京都伊豆諸島

3. 静岡県賀茂《かも》郡西南部一帯

4. 新潟県三島郡出雲崎町

5. 新潟県直江津《なおえつ》市

6. 石川県河北《かほく》郡内灘村大根布《おおねぶ》

7. 福井県遠敷《おにゅう》郡小浜《おばま》町西津《にしづ》

8. 京都府愛宕《あたご》郡大原村、八瀬《やせ》村

9. 三重県志摩郡長岡村

10. 三重県度会《わたらい》郡鵜倉《うぐら》村

11. 三重県南牟婁《むろ》郡 泊《とまり》村古泊《ことまり》浦

12. 和歌山県西牟婁郡串本町

13. 和歌山県和歌山市雑賀崎《さいかざき》、海草《かいそう》郡木本《きのもと》村

14. 兵庫県三原郡福良《ふくら》町、灘村

15. 岡山県邑久《おく》郡牛窓《うしまど》町

16. 香川県香川郡雌雄《しゆう》島

17．香川県仲多度《なかたど》郡塩飽《しわく》諸島および付近の島々、三豊《みとよ》郡粟島《あわしま》村志々島《ししじま》
18．広島県尾道市、豊田郡生口《いくち》島、瀬戸田町、幸崎《さいざき》町能地《のうじ》、忠海《ただのうみ》町、吉名《よしな》村、愛媛県越《お》智《ち》郡魚島《うおしま》村、弓削《ゆげ》村、岩城《いわぎ》村、鏡村、宮窪村
19．広島県安芸郡江田島《えたじま》村
20．徳島県海部《かいふ》郡阿部村
21．愛媛県新居《にい》郡西條地方
22．愛媛県温泉郡興居島《ごごしま》村、伊予郡松前町
23．高知県幡多《はた》郡沖ノ島村、鵜来島《うぐるしま》
24．山口県萩市玉江浦
25．山口県下関市吉見・安岡、豊浦郡豊西村吉母《よしも》、小串《こぐし》村
26．福岡県小倉市平松・長浜
27．大分県北海部《きたあまべ》郡海辺《あまべ》村
28．長崎県西彼杵《そのぎ》郡崎戸《さきと》町、瀬戸町（家船）
29．長崎県西彼杵郡野母《のも》村深浦・松島
30．熊本県天草郡二江《ふたえ》村

1 宮城県牡鹿郡江島
2 東京都伊豆諸島
3 静岡県賀茂郡西南部一帯
4 新潟県三島郡出雲崎町
5 新潟県直江津市
6 石川県河北郡内灘村大根布
7 福井県遠敷郡小浜町西津
8 京都府愛宕郡大原村、八瀬村
9 三重県志摩郡長岡村
10 三重県度会郡鵜倉村
11 三重県南牟婁郡泊村古泊浦
12 和歌山県西牟婁郡串本町
13 和歌山県和歌山市雑賀崎、海草郡木本村
14 兵庫県三原郡福良町、灘村
15 岡山県邑久郡牛窓町
16 香川県香川郡雌雄島
青森
秋田
岩手
山形
宮城
新潟
福島
富山
石川
福井
長野
群馬
栃木
岐阜
茨城
埼玉
滋賀
山梨
東京
愛知
神奈川
千葉
静岡
三重
琉球列島
34
35
N

頭上運搬の分布（『民俗學辭典より』）

17 香川県仲多度郡塩飽諸島および付近の島々、三豊郡粟島村志々島
18 広島県尾道市、豊田郡生口島、瀬戸田町、幸崎町能地、忠海町、吉名村、愛媛県越智郡魚島村、弓削村、岩城村、鏡村、宮窪村
19 広島県安芸郡江田島村
20 徳島県海部郡阿部村
21 愛媛県新居郡西條地方
22 愛媛県温泉郡興居島村、伊予郡松前町
23 高知県幡多郡沖ノ島村、鵜来島
24 山口県萩市玉江浦
25 山口県下関市吉見・安岡、豊浦郡豊西村吉母、小串村
26 福岡県小倉市平松・長浜
27 大分県北海部郡海辺村
28 長崎県西彼杵郡崎戸町、瀬戸町（家船）
29 長崎県西彼杵郡野母村深浦・松島
30 熊本県天草郡二江村
31 熊本県天草郡西南部
32 鹿児島県鹿児島郡桜島
33 鹿児島県揖宿郡山川地方
34 奄美大島・与論島・沖永良部島
35 沖縄本島・宮古諸島・八重山諸島

以上の内、東京都伊豆諸島・奄美大島・沖縄本島国頭地方には、額を以て荷縄を支え、荷を背中に托する運搬法が、あわせおこなわれている。

出所／柳田國男監修 財団法人民俗学研究所編『民俗學辭典』（東京堂出版）の図をもとに作成

31. 熊本県天草郡西南部
32. 鹿児島県鹿児島郡桜島
33. 鹿児島県揖宿《いぶすき》郡山川《やまがわ》地方
34. 奄美大島・与論島・沖永良部島
35. 沖縄本島・宮古諸島・八重山諸島

ざっと見るとわかるが、2の「東京都伊豆諸島」、34の「奄美大島・与論島・沖永良部島」、および35の「沖縄本島・宮古諸島・八重山諸島」などの、いわゆる本土から遠く離れた島嶼《とうしょ》部《ぶ》のみは、かなり広い範囲になるものの、それ以外の場所は非常にピンポイントな地域が記されている。

『販女（ひさぎめ）』と頭上運搬

この分布地図が掲載されている『民俗學辭典』には、「頭上運搬」という項があり、そこでは柳田國男や瀬川清子（共に民俗学者）らの戦前の文献が引用されている。

昭和18年（１９４３年）の瀬川清子の著書『販女（ひさぎめ）』（＊14）は、ものを売って歩いていた、つまりは行商をしていた女性たちについてのフィールド調査の結果であり、古い文献に「ひさぎめ」「販婦」「販女」と呼ばれていた女たちを追って書き上げられたものである。『販女』のうちの1章は、頭上運搬についての記述であり、そこには伊豆諸島、南西諸島の島々についての記述よりも、瀬川清子が調査を行なったのであろう、本州、四国、九州のピンポイントな地名における様子が描かれていて、先の『民俗學辭典』の分布図の地名の多くは瀬川清子の調査をもとにしていることがわかる。

現在の私たちが頭上運搬を「そんなことができるのか」という驚きとともに見聞きするのと同様、戦前に瀬川が調査をした時にも、基本的には頭上運搬は珍しいものであり、どこにでも見られるというものではなかったことがわかる。

宮城県牡鹿郡江島、急勾配の島を訪ねて

リストを見ればわかるように、島嶼部以外では、北は宮城県から始まる。

江島《えのしま》は現在の宮城県牡鹿《おしか》郡女川《おながわ》町の沖合に浮かぶ島である。女川原子力発電所の正面にあり、現在住んでいるのは27名くらい、という。東北地方で挙げられているのはそこだけであり、北陸地方も、新潟と石川、福井にちらほらと見られるものの、多くはない。

ほかは、三重、和歌山、瀬戸内海に面する地域、九州など、多くは海寄りで、魚を売ることと関わっていたであろうことがわかる。

この頭上運搬の記録に残る北限であり、まさに点、として存在している宮城県牡鹿郡女川町江島には、新型コロナパンデミックの落ち着いた２０２３年７月に赴《おもむ》くことができた。

女川町誌(＊15)に以下のような記載がある。

京都の大原女、伊豆大島のアンコのように、江島の女も物を運搬する時によく頭上にのせる。船着場の所にある淡水井戸に洗濯する往復には、タライに洗濯する物を入れて頭上に上げるのは殆《ほとん》ど全部の女がそうする。その他船着場舟溜《ふなだまり》の方から海藻などを運ぶ時も上げてるのを見る。昭和十一二年頃までは肥料桶や麦の大把《おおたば》を頭上にあげて運ぶのを見たものであるが、近頃は左様な光景は少ない。この風俗は観光者に喜ばれ、カメラマンの魅力でもあるのであるが、江島の若い人々は恥じるようになつて、カメラを向けると頭からおろす者さえあるようになつた。重量の点からいうならば、今でも七、八貫目位《くらい》のものは運ぶそうであるが、昔は米一俵位運ぶ女もあつたと云つてる。しかし斯様《かよう》な習慣は女のみに限られた習慣で、男は肩にのせるのが昔も今も同じだと云つてる。

これは肩の構造が男女異るためであろう。それにしても江島の女に何故斯様な習慣が生れたかを考えて見ると、これは地理的自然的環境が然《しか》らしめたのも一つであろう。江島の住宅は島の断涯《だんがい》の上に、或《あるい》はそれより上にと急勾配の所に階段をなして建つて居るので、船着場から家庭へ物を運搬するのに、手にさげると階段に当るので、肩にするか頭にするより外に仕方がない。そこでこの習慣が発達したものと推測される。衛生上から容姿の上から見ても何等《なんら》差支《さしつかえ》がないようであるから依然持続したいものである。

過酷な労働作業であるにもかかわらず、その姿の美しいことに惹かれたことが、そもそも頭上運搬を追うきっかけにもなっているのだが、この女川町誌における江島の頭上運搬の記載にも、控えめでありながら頭上運搬の容姿が悪くないと思われていることがうかがわれる。

この町誌の記載だけを頼りに、女川町役場に連絡を取ったが、文化財担当の職員の方々が、じつに丁寧に対応くださり、現在島に在住しておられる江島区長・齊藤紘一郎さん（昭和18年生まれ）、中村晃《あきら》さん（昭和38年生まれ）とそのお母さん、中村とき子さん（昭和14年生まれ）にお話をうかがうことができた。

もともとは桶を頭上にのせて井戸から水を運搬していたようだが、昭和30年代には、水運びは一斗缶《いっとかん》を天秤にして運ぶようになっていた。10いくつあったすべての井戸は集落より下にあり、メインの2つの井戸の跡も見せてもらったが、かなり低いところにある。

とき子さんの年代も一貫して、洗濯物や洗い物を木のたらいに入れたりして頭にのせ、さまざまな荷物や海のものも頭にのせて運んでいたという。頭と荷物の間には、「輪っか」をのせた。藁か、きれに手拭《てぬぐ》いなどを周りに巻いて、自分専用のものを作ったという。

昭和35年に島に水道が引かれ、とき子さんはその年に結婚するので、結婚してからは洗濯物を頭にのせて洗いに行った記憶はない。

女川町誌にあるように、江島は急勾配の続く島で、住宅も高いところに建っている。井戸は低いところにあるため、結果として頭上運搬が便利だったのだと思われる。江島の周囲の島は、もっと平らで道路もよかったので、頭上運搬する必要がなかったのだろう、と中村晃さんは言う。このように高いところに住宅があったので、東日本大震災でも津波の被害に遭《あ》うことはなかったのだ。

とき子さんの記憶にも晃さんの記憶にも、この島の女性たちの姿は、高齢になっても姿勢がよく、腰が曲がっていない姿しか残っていない。水道の普及とともに、必要性としての頭上運搬はなくなってゆき、今は、婦人会の踊りに桶を頭にのせて踊るものが残っていて、江島の頭上運搬をしのぶことができる。

「風は、あちらにも、こちらにも」吹いていた

それにしても、「頭上運搬の風が、あちらにも、こちらにも、と云ふ風に散在して居る……」と瀬川清子が書くように、規則性は見当たらない。

また、上記の『民俗學辭典』の分布図にも、「伊豆諸島・奄美大島・沖縄本島国頭《くにがみ》地方には、額《ひたい》を以《も》って荷縄を支え、荷を背中に托《たく》する運搬法」も、あわせて行なわれていることが書かれていて、たとえば隣同士の島でも、頭上運搬をしていた島と、していなかった島があるのだが、理由は見当たらない。

車による運搬がこの国のすみずみにまであまねくいきわたり、ものを運ぶには車を使えばよくなって、あるいは水道が完備されて水汲みの仕事がなくなって、これらの地方の頭上運搬が現代では見られなくなった、というのが、今まで聞き取りをしてきた人たちの答えであった。石垣島での聞き取りでも、２０１９年に70代以下くらいの世代は、自転車もリヤカーも車も使えるようになったから、誰も日常的に頭上運搬はしなくなった、と言っていた。

車ができたとはいえ、日常で何かを運ぶことと無縁であるはずはないのだが、それらをひ

ょいと頭上にのせて運ぶことはなくなったのである。

（＊12）川田順造「非文字資料による人類文化研究のために——感性の諸領域と身体技法を中心に」『身体技法・感性・民具の資料化と体系化』2〜30頁。神奈川大学21世紀COEプログラム「人類文化研究のための非文字資料の体系化」研究成果報告書、２００８年3月。

（＊13）民俗學研究所編「頭上運搬の分布」『民俗學辭典』東京堂出版、１９５１年。

（＊14）瀬川清子『販女』三國書房、１９４３年。

（＊15）女川町誌「三：江島娘の頭上運搬」884頁。昭和35年8月10日発行。https://www.town.onagawa.miyagi.jp/choshi/pageindices/index954.html#page=955（２０２４年1月5日閲覧）。

沖永良部、再び——記録に残る女性たち

米兵が写真に収めていた、沖永良部の人々の姿

先に、沖永良部島における頭上運搬を取り上げた。「暗河」と呼ばれる地下に流れる水を

水源としていることと、上水道が完備された時期から考えて、南西諸島で最も最近まで頭上運搬が行なわれていた地域ではないか、と思われる。

沖永良部島には、行政的には知名《ちな》町と和泊《わどまり》町の２つの町があるのだが、知名町の広報誌である『広報ちな』２０２０年11月号に、頭上運搬の写真と記事（＊16）があることを教えてもらった。

『広報ちな』（2020 年 11 月号）掲載の女性の写真

占領時に米兵が写真に収めていた、という島の人々の姿を紹介しながらの連載記事である。この11月号のメインの写真は、大きな桶を頭にのせ、ざるを片手に持ち、打ち合わせた対丈《ついたけ》の着物を帯で前結びしている、若くはない女性の姿である（ほかの写真は子どもたちの写真であったり、三《み》浦大知《うらだいち》の祖父のやっていた三浦理髪舘の写真だったり……で、そちらはそちらなりに、興味深い）。

よくゆるんだ身体に、真っ直ぐなセンタ

ー（＊17）が通る。視線は真っ直ぐ先にある。美人なのか、きれいな格好をしているのか、というのとは、全く次元の違う気品と威厳を感じる、人間の根源的な美しさがある。水を運ぶ、その過酷さ、厳しさはわかってはいるものの、それでも頭上運搬する人は美しい、と感じる。

視線を前方の一点に定めて、リズムをつけて歩く、という頭上運搬のコツは、美容法の姿勢の中にも取り入れられているといわれる（＊18）。モデルになる人たちのトレーニングの一環として、本を頭の上にのせて歩く、というのがあるのだ。

島尾敏雄が見た、暗河から水を運ぶ女性たち

『広報ちな』の記事では、作家の島尾敏雄《しまおとしお》が石牟礼道子との対談で、沖永良部島の女性の姿に肯定的な眼差《まなざ》しを向けていたことが記されている。

石牟礼道子が関わっていた雑誌『暗河』について言及すると、島尾は「暗河と言ってもどこにでもあるわけじゃなくて、沖永良部島が中心になるんですけど、永良部の女性たちの姿は非常に良かったですね」と言うのである。

「頭に水桶を乗せてね、歩いてきてすれ違うときの挨拶の、どう言うか、よいことねえ。……つまり腰をちょっと屈《かが》めるんですよ。頭にはものを乗せてるから、頭を、こう、下げる

わけにはいきませんからね。それで眼に思いを込めて、ちょっと腰を屈めるんですね」(＊19)。

まことに、島尾らしい言い方だ。ゆるんでよくセンターの通った人が、その眼に思いをのせて、語らせながら、そっと腰を屈めるしぐさは、どれほど可憐《かれん》であっただろう。たくましさの中に、なんともいえない匂い立つような女らしさが立ちのぼったことだろう。

知られざる奄美群島の歴史――北緯27度半の危機

この『広報ちな』の記事は、そこから、もう一歩踏みこんでいる。頭上運搬の写真の撮られた１９５３年前後は、まさに、この奄美群島の島々が大きく揺れた時期だった。

米軍占領下にあった奄美群島であったが、１９５２年9月末に「北緯27度半以北の返還の可能性」がある、と新聞で報じられたのだという。

北緯27度半は、沖永良部島とその隣の徳之島の間にある。だから、「北緯27度半以北の返還」とは、徳之島より北が日本に返還され、それより南に位置する沖永良部島と与論島が沖縄とともに、日本に返還されることなくアメリカ占領下に置かれる、ということを意味している。

徳之島にも沖永良部島にも行ったことがあるが、この2つの島は本当に近い。沖永良部からは徳之島がよく見える。ここに区切りの線を引く、ということの驚きは想像してあまりある。

激しい「二島分離反対運動」が巻き起こり、その過程で、婦人会の一部から、「私たちは日本人だ。頭の上にものをのせることや、帯の前結びなど、沖縄のような風習は止めよう」という声が上がったのだという。

結果として1953年のクリスマスの日に、奄美群島は分離されることなく返還される。

この発言の「頭の上にものをのせることが沖縄のような風習である」というのは、事実として、正しくない。前節に書いた『民俗學辭典』による頭上運搬の分布地図にもあるように、頭上運搬自体は、北は宮城県から、日本のあちこちに広がっていたからである。

「北緯27度半」が、沖永良部島とその隣の徳之島の間にあり、この2島は距離は近いものの、植生や地形がずいぶん異なり、ものの運び方も違い、徳之島は頭上運搬をしない。そこから、婦人会の一部の発言、というのが出てきたのかもしれないが、それは日本と沖縄の文化の違いをあらわしてはいない。

運搬法の変遷――萬納寺徳子による分析

伝統的に女性がものを運ぶ方法として、「頭上運搬」と「頭から紐《ひも》で背負う」方法があるといわれており、奄美群島の奄美大島、与論島、沖永良部では頭上運搬、奄美大島の一部と徳之島では頭上運搬を行なわず、荷物をテル（ティール）と呼ばれる紐のついた竹籠に入れて、籠の背負い紐を額にかけて運ぶのである（＊20）。

頭上運搬が行なわれていた地方は、日本各地の海辺の村が多いのではあるが、そうはいっても規則性があるわけではない。１９７０年代に萬納寺徳子《まんのうじとくこ》は、この規則性のなさに、「古くは広く行なわれていた頭上運搬法が、現在観察される土地でのみ、守り継がれているということではないか」というような仮説を立てた。

つまりは、日本中どこでも、頭上運搬は行なわれていたのではないかと考え、歴史資料から、運搬法の変遷における頭上運搬の位置を見ていこう、という試みを行なったのである（＊21）。

資料としては、平安時代末期から室町時代中期にかけては「日本常民《じょうみん》生活絵引」を用い、室町末期から江戸時代前期までは「洛中洛外図《らくちゅうらくがいず》」を用いて、それぞれの絵巻を書かれた時代によって分け、さらに運搬方法を分類し、それぞれに描かれた頻度を件数として数え上げていった。

これらを集計して、「平安末期には女の頭上運搬が顕著で、鎌倉前期になると背負い運搬が多くなり、鎌倉後期から室町初期にかけてかつぎ運搬が目立ってくる」(＊22)と結論づけている。

> 絵巻物の分析からは、絵巻に出てくる土地が限られていたにせよ、頭上運搬が海村に限られないで広くに分布していたことが知られ、それが時代を追うにつれ減少していき、特に元禄時代以後に大きく変ったらしいことが明らかとなった。そして頭上運搬は女性専用の運搬法となっていきながらも、他に女性の運搬法がほとんどみられないことがわかった……(中略)こうしてみると、昔は広く行われていた頭上運搬が、ある特殊な環境の中で守り継がれ、現代に至った、と見ざるを得ない(＊23)。

「特殊な環境」を、萬納寺は地形上の理由と並んで、その村の性格によるもの、と言っている。平凡な結論をいえば、頭上運搬の行なわれている漁村は古い歴史を持ち、古いありようを伝えている村で、古代の海部の伝統をひいている漁村ではないか、というのである。

（＊16）前利潔「追憶のプロムナード　米兵が見た知名町⑤」『広報ちな　No.６０４』知名町役場企画振興課、２０２０年11月。

（＊17）センター……「体の軸」「中心軸」などと踊りやスポーツなどで呼ばれる、上下に通る身体意識のこと。

（＊18）芳賀日出男「運ぶ（頭上運搬）」『奄美の情熱情報誌　ＨＯＲＩＺＯＮ　第6号』ホライゾン編集室、１９９７年12月。

（＊19）島尾敏雄『ヤポネシア考――島尾敏雄対談集』葦書房、１９９１年。

（＊20）芳賀日出男、前掲書。

（＊21）萬納寺徳子「頭上運搬」『日本民俗学』83巻、85〜87頁、日本民俗学会、１９７２年。

（＊22）萬納寺徳子「絵巻物よりみた運搬法の変遷」『民具論集〈４〉』慶友社、１９６７年。

（＊23）萬納寺徳子「頭上運搬」（同前）。

残された言葉からたどる、頭上運搬

「日本中どこでも誰でもやっていた」という仮説

すでに何度か引用している女性民俗学者の草分けである瀬川清子は、「頭上運搬の風が、あちらにも、こちらにも、と云ふ風に散在して居る……」と書き、日本国内で頭上運搬が行なわれていた地域には、規則性が見られないと記していた。

瀬川は頭上運搬に関わる言葉について考察しながら、仮説を提示している。前節の最後に引用した、絵巻物などから過去の頭上運搬について考察した萬納寺徳子も、この瀬川の仮説を踏襲《とうしゅう》している。

もともと頭上運搬は、どこか特別なところで行なわれていたというものではなく、ほとんどの地方で、ほとんどの人が、日常的な運搬方法として行なっていたことではないのか、それがだんだん廃《すた》れてきて、ほかの、背負ったり、担いだりする運搬方法に変わっていくのだが、ある特殊な条件下にあるところでは、その風習が残った、ということではないか、という仮説である。

つまりは「以前は誰でもやっていた」という仮説、である。それがどのくらい昔のことなのか、は、わからないにせよ。

「カベル」から「かぶる」へ

頭上運搬に関わる言葉からの、瀬川の考察は、以下の通りである（＊24）。

先に取り上げた「頭上運搬の分布」に記載されている、日本のさまざまな地方で使われる頭上運搬に関わる言葉に言及している。

まず、「カベル」という言い方。

瀬戸内海に面した広島県の能地《のうじ》（現在の広島県三原市の漁村）は、頭上運搬の本家といわれるほど頭上運搬が盛んで、よく知られていたところなのだが、ここでは頭上運搬のことを「カベル」という。

頭上運搬のみでなく、たとえば、虫などが砂をかぶっていることも「カベル」と言うし、自分たちが頭から水浴びすることも、水を頭から「カベル」と言っていたらしい。

広島県尾道でも同様にいわれていて、何かものを頭の上にのせることを「カベリ」と呼び、頭にものをのせて行商している女性も「カベリ」と呼んだ。

瀬戸内海の魚島《うおしま》では、山に野良仕事に行く時に手ぬぐいをかぶっていくことを、「カベっていく」と言っていたそうだ。

瀬川はこの、「カベル」「カベって」という言い方がのちに、手ぬぐいを「かぶって」いく、という標準語になっていったのではないか、というのだ。

標準語になっていく、ということは、全国的にその言葉が使われていたということだ、と推論しているのである。

「カヅク」は、潜る、かぶる、背負うの意味

「カヅキ」「カヅク」も同様であるという。

「カヅク」は頭にものをのせることであるが、伊豆、志摩、薩摩などでは、海女《あま》が水に潜《もぐ》ることも「カヅク」と呼んでいたらしい。潜ることが大変上手な海女は「大カヅキ」と呼ばれたくらいであるという。

「カヅク」は、別の意味でも使われていて、島根県の浜田、広島県の尾道あたりでは、「帽

子をかぶる」と言う代わりに「帽子をカヅク」と言っていたそうだ。私自身の祖父母は周防《すおう》地方の人であるが、彼らも帽子をカヅク、と言っていた覚えがある。

また、福井県丹生《にゅう》郡四ヶ浦《しかうら》村では、「カヅク」というのは背負うことであり、荷縄のついた「カヅキ籠」をカヅク、と言う。

新潟県西蒲原《にしかんばら》郡間瀬《ませ》村でも、「飯米《はんまい》などを山路三里をカヅキ運んだ」という聞き取りがあり、この「カヅク」も背負うことであったらしい。

今でも籠をカツグ、斧《おの》をカツグ、などというふうに使っているが、瀬川は頭上運搬や潜水をあらわした「カヅク」という言葉が、かぶること、背負うこと、かつぐことにつながっていったのではないかと説明する。

「ササグ」「イタダク」と頭上運搬の関係

「ササグ」「イタダキ」もまた、頭上運搬に端を発する言葉である。

「陸前江ノ島」では、頭上運搬を「ササグ」と言い、八丈島でも同様に「ササグ」は頭上運搬である。伊豆半島でも頭上運搬で魚を売りに来ることを「ササいで魚を売りに来た」と言う。

徳島県阿部村から行商に出る女性は「イタダキ」や「オタタ」と呼ばれ、「魚をササゲて売りに来た」と言われていた。彼女らが頭にのせている籠は「イタダキ籠」という。

越後直江津《なおえつ》でも、頭上運搬をする魚売りの女性は「イタダキ」と呼ばれ、彼女らが天秤棒を使うようになっても、同様に「イタダキ」と呼んでいたという。

もちろん、「ササゲ」は捧げること、「イタダキ」はいただくこと、につながるのだろう。

瀬川は「私共が物を押しいただく場合には、両手に持った物をやや高くあげて、頭部を、潜るが如《ごと》く、頭上運搬をするが如く前に屈する挙動をする。私共もかつて、ササゲ・イタダク人々であった痕跡ではなかろうか」(*同前)と書くのである。

たしかに、敬意をあらわして何かを差し上げる時の捧げ方は、頭の上に何かをのせようとしている格好といえないこともないし、同時に、敬意を持っていただく時のやり方もまた、頭の上にのせてもらう、という姿勢にも見える。

「残された」疑問

つまり、もともとは、すべての人が運搬方法として頭上運搬を行なっていた。ところが、何らかの理由があって、別の運搬方法も導入されるようになり、頭上運搬は場所によっては廃れていってしまい、多くの場所では運搬に関わる言葉だけが痕跡として残り、実際の頭上運搬は、何らかの特殊な条件があるところにだけ近年まで残った、という仮説だ。「言葉」から考察しているわけで、この仮説はなかなか興味深い。おそらく日本中いたるところで頭上運搬は行なわれていたのだが、多くの場所で何らかの理由で行なわれなくなったのである。

しかし、ここで疑問はまた、元に戻る。

先に示した、頭上運搬の分布地図にあるような場所で、なぜ、頭上運搬は「残った」のだろうか。残ったところにはどういう共通点があるのか。

萬納寺は、論文「絵巻物よりみた運搬法の変遷」(＊25)において、先に挙げた『民俗學辭典』の分布図を中心に、さまざまな民俗誌や各地の調査報告書をもとにアップデートするとともに、彼女の行なった平安時代から江戸時代にいたる絵巻物の調査から得られた結果も入れて、新しい分布図を示している。

船の上で暮らした人たちの記録

分布図からすれば、明らかに海辺にあるところが多いのだが、すべてが漁村ということはないようで、農耕に従事する村の方が多かったようだ。業態も、純漁村、半農半漁の村、半商半漁の村、農村、山村、と異なる。

そんな中で、多少なりともそれぞれの村の性格の違いを考えに入れつつ、頭上運搬の行なわれていた地区をグループごとに大きくまとめると、次の５つに分けることもできるか、と萬納寺は、いう。

すなわち、「西海《さいかい》の家船《えぶね》集団」「瀬戸内海の漂海民」「海士《あま》や海女の系統」「行商を行なう村」「その他」の５つである。

この論文が発表されたのは１９６７年で、この５つのグループがさらりと書かれているのだが、現代ではこのグループの名前自体に説明が必要だろう。

「西海の家船集団」とは、長崎県西海市を拠点とした水上で生活した人たちで、年間のほとんどを家船《えぶね》と呼ばれる船の上で暮らした人たちのことである。

また瀬戸内海にも、家を持たず、船を家として移動する漂海民がいたのである。

陸に家を持たず、水上の船を家とする、というのは、現代ではあまりにもわかりにくいかもしれないが、１９３０年（昭和５年）の『大阪毎日新聞』には、水の都、大阪をめぐる海川の流れのままに生を追う水上生活者の数は約三万人といわれているが、これらの人々がいかにして働き、いかにして生きるかなどの生活記録ともいうべきものが今日まで全然残されていないので、大阪市社会部では六月はじめから府下の海上各河川の全般にわたって大々的に調査を開始することにし目下《もつか》連日係員五名が実地調査に当たり各水上警察署や方面委員などと連繋して細《さい》大《だい》洩《も》らさず調査中であるが、流動のはげしい水上生活者だけになかなか困難で、係員もホトホト手を焼いている（＊26）、

とある。今から約90年ほど前、大阪という、すでに大都市であった街に、水上生活者が「三万人」という単位でいた、というわけだ。

「西海の家船」も、「瀬戸内海の漂海民」も、これほどに水上生活者が多かった時代の文脈で考えねばなるまい。

（＊24）瀬川清子「頭上運搬について」『高志路』9巻7号、新潟県民俗学会、１９４３年（瀬川清子『販女』三国書房、１９４３年に補訂のうえ収録、また、木下忠編『背負う・担ぐ・かべる』岩崎美術社、１９８９年にも収録）。

（＊25）萬納寺徳子「絵巻物よりみた運搬法の変遷」『民具論集〈4〉』慶友社、１９６７年。
（＊26）「船を家とする人々の生活ぶり　大阪市社會部が調査」『大阪毎日新聞』１９３０（昭和５）年６月21日。「神戸大学新聞記事文庫」住居問題（5〜109頁）所収、神戸大学経済経営研究所、１９３０年。

60代の記憶――頭上運搬と、〝坂の多い小さな地域〟

どの地域、どの世代までが、記憶にとどめているか

日本国内の頭上運搬の分布については、先述したように１９５１年の『民俗學辭典』の分布地図が最もよく知られており、さらに、萬納寺徳子が１９６７年にアップデートした分布図が存在することを、これまでに示してきた。

萬納寺の地図は、『民俗學辭典』以後、民族誌や調査報告書から渉猟《しょうりょう》した、と書かれている。萬納寺の主な仕事は、絵巻物を使って頭上運搬の起源を探るものであったから、分布地図には、上記のもののほかに、絵巻物からのものを別記号で記してもある。

北限は宮城県牡鹿郡江島から始まり、瀬戸内、九州に多く、南は南西諸島まで広がる『民俗學辭典』の分布地図そのものが、柳田國男のフィールドワーク、瀬川清子のフィールドワーク、さらに、彼ら自身が足を運んだということのみならず、彼らの周囲の人たちが足を運んで確認したところをもとに作られている。

これらの分布地図に出てくる地名（133頁参照）は、当時、頭上運搬を「生活上の運搬手段として」使っていたところであり、祭祀《さいし》や儀式の際に頭上にものをのせる風習のあるところは記載されていない。当然、漏れている地域もあるかと思うが、現在はまずは、この分布地図を頼りに考えていくことになる。

今回は、これらの分布地図のうち、「現在、どこで頭上運搬について聞き取りをすることが可能か」、つまり「どこの地域のどの世代までが頭上運搬を記憶にとどめているか」を考えてみたい。

記憶がある最も若い世代――昭和30年代生まれの女性たち

どの地区でも共通していることは、「自動車による運搬」の普及により、頭上運搬の必要性が、ほぼなくなることである。しかし、そこにいたるまでには、地方によっていくつかのステップがあり、数十年くらいのギャップがあるようだ。

２０２１年夏までに、沖縄本島、石垣島、竹富島、沖永良部島、与論島、神津島などで、「現在まで頭上運搬ができる女性」の話を聞いた。２０２０年代の今、彼女たちは、だいたい80歳以上が多い。現在も頭上運搬によってものを運んでいるわけではないが、働き盛りの年齢のころ、日々の生活の中で頭上運搬をしていたので、今でも、やろうと思えば、いつでもできると言う。

伊豆諸島の神津島では、もっと若い70代、60代でも、「今はしていないが、やればできる」と言う女性たちがいた。

沖縄八重山の竹富島でも、現在70代くらいの女性は頭上運搬ができる。70代の方の母親の世代は、１９６０年代くらいまで、毎日のようにマディル（籠）いっぱいの重い芋を運んでいたという。頭にのせて安定させる藁の輪っかは、カブシ（カブセー）と呼ばれた。

水汲みと薪運びは女の仕事であった。燃料となるソテツの葉（シンチヌパー）を運ぶのは、もっぱら頭上運搬であった。ソテツの葉を運ばなくてよくなったのは、石油が入ってきて石油コンロを使うようになってからである。昭和30年代に、竹富の学校に赴任してくる教員たちが民家の裏座《うらざ》（沖縄の民家の間取りの一つ。一番座や二番座などの「表座敷」に対し、そ

燃料のソテツの葉を運ぶ。沖永良部和泊町西原にて。
1956年（撮影：芳賀日出男）

の後方の裏側に位置する部屋）に下宿し、そのあたりから石油コンロが使われていたらしい。女の子たちも皆、ソテツの葉を頭にのせて運んだ。

水汲みは女の子の仕事だが、頭上運搬ではなく、18リットルのブリキ缶（食堂の食油用の缶）を天秤にして、すぐそばの井戸から運んでいた。こちらもだいたい昭和30年代の自転車導入とともになくなったようだ。竹富の古い井戸は、狭いところを下りていくようなところなので、おそらく、パナリ焼（八重山郡竹富町に属する新城島《あらぐすくじま》で作られていた実用土器）の壺を使っていたころは、頭上運搬で水も運んでいたのではないか。

御嶽（ウタキ：集落の守護神が祀られている神聖な空間であり、祈りと祭祀の場）にお参りに行く時には、お供えする食べ物や、神前に供える供物《くもつ》など、すべて頭にのせて運んだ。こちらはリヤカーが出てくると交代することになるが、これも同様に昭和30年代くらいのことらしい。竹富だけでなく多くの土地で、生活様式が、身体を使ったものから、もっと便利な機械や輸送手段に取って代わられたのが昭和30年代、ということであろう。

日本国内で、儀礼・祭祀以外の「生活の場の必要性」から、幼いころや若いころに頭上運搬を経験しており、現在はやってはいないものの、やろうと思えばすぐにできる、といえるような最も若い年齢は、だから、２０２０年代現在、60代、すなわち、昭和30年代半ばまで

（１９６０年前後）に生まれた人たちである。

これはピンポイントに自分（筆者）の年齢なのであるが、幼児時代に東京オリンピックを経験し、小学生で大阪万博を経験し、日本の高度成長と生活の変化を体感してきた世代がおそらく、「頭上運搬の最後の記憶」をとどめる日本の女性の世代になると思われる。

この世代のさらに母にあたる世代は、第二次世界大戦を挟んで生活の洋風化を経験した女性たちである。

子どもたちの入学式や卒業式には揃って黒の羽織を着て和装で出かけるものの、日常着としての着物は捨てた世代であり、洋裁を習い、ミシンを使い、編み物をして、家族中の洋服を作った女性たちであった。ハンバーグやカレーを作り始めた世代でもある。

おそらく頭上運搬をする地区では、変化を経験しながらも、この世代は１００％頭上運搬ができたであろう。

さらにその母、つまり昭和30年代生まれの世代の祖母たちにあたる世代は、全員が普段から着物を着ており、「洋風」の生活とはほとんど縁がなく過ごしていた世代であり、頭上運搬は彼女たちの日常であっただろう。

頭上運搬がなくなった理由――自動車の前の、自転車の時代

前節で、瀬川清子が提示していた仮説、つまり、もともとは、日本中いたるところで運搬方法としての頭上運搬が行なわれていたが、別の運搬方法も導入されるようになったことで、頭上運搬は場所によっては廃れ、実際の頭上運搬は、何らかの特殊な条件があるところにだけ近年まで残った、という仮説を紹介した。

萬納寺は１９６７年の論文で、頭上運搬が残った地区を、グループごとに大きくまとめて「西海の家船集団」「瀬戸内海の漂海民」「海士や海女の系統」「行商を行なう村」「その他」の５つである、と提示していた。

このそれぞれのグループの詳細については、また改めて追っていきたいが、ここでは、この１９６７年から50年以上が経った２０２０年前後に、まだ60代が頭上運搬を記憶にとどめている理由、すなわち、頭上運搬が最後まで残った理由について考えている。

ほとんどの地域で、頭上運搬がなくなったのは、自動車による運搬に代わられたからだ、といわれていたが、石垣島の女性たちから言及されたのは、「自転車の普及」であった。

自動車が普及する前に、自転車を使えるようになったので、頭上運搬をする必要がなくなった、というステップがあったのである。

自転車は１８１８年に、タイプライターの発明者でもあるドイツのドライスが発明したのち、フランス、イギリスで改良が重ねられ、１８８５年には、イギリスのスターレーが、前輪と後輪の大きさが同じである現在の自転車の元祖となる形を作り上げたのだという（＊27）。

我が国においてはそれまでも、三輪車など、さまざまな自転車風のものは作られていたようだが、この１８８５年の型の自転車は、明治維新の時代でもあったから、すぐに輸入されるようになった。さらに「実用車」と呼ばれる荷物を運ぶための自転車が国産され、使われるようになっていったらしい。

坂の多い地域では自転車が使えない

これを読んでおられる方は、自転車に乗れるだろうか。乗れる人も多いと思う。子どものころに乗り方を覚え、中学校や高校時代に自転車通学をしていた、という人も少なくないだろう。

しかし、私が知っている範囲でも「自転車に乗れない」という人は結構いる。そして自転車に乗れない、という大人の多くは、「坂のある街」で育った人が多い。

私は兵庫県西宮市で小中高時代を過ごしたのだが、たとえば、ごく近所の兵庫県神戸市の方には、自転車に乗れない人が多かった。神戸は山と海が接近しており、坂が多すぎて自転車が役に立たないのである。

長崎もまた、ご存知のように坂が多いところであるから、自転車に乗らない人が多かった。電動自転車の普及で、現在は状況は変わってきたと思うが、高校生以下の年代に自転車に乗る習慣がなかったところの人は、自転車に乗れないことが多い。

そう考えると、もともと「頭上運搬」をしていたが、割と平坦であった地域では、実用自転車の普及により、おそらくは頭上運搬は自転車に取って代わられ、そのあとさらに自動車にかわっていったのであろう。

他方で、坂が多くて自転車を使えないところでは、自動車の登場まで、頭上運搬をしなければならなかったと思われる。

電車がなく、坂が多く、小さな地域――島嶼部

また、瀬川清子は、「イタダキ」や「オタタ」(156頁参照)と呼ばれた、徳島県阿部村から魚の行商に出ていた女性たちのことを記録している。

昭和になると「ササゲ」の行商は全国的に発展するが、電車の車掌が、彼女らが頭にのせ

ているイタダキ籠を車内に乗せてくれないために、ササゲの形での行商がさびれていったことが、すでに１９４３年に指摘されている（＊28）。

行商などで頭上運搬をしていた人たちは、電車の普及により、頭上運搬以外の方法を余儀なくされていく。何十キロもある荷物を背中に担いで電車で運ぶ女性の姿は、30年くらい前までは見られたが、頭上運搬の場合は、電車に乗る時点であきらめなければならなかったようだ。

つまりは、「電車がないところ」「（電車で運ぶほど長距離で荷物を運ぶ必要がない）ごく小さな地域で運搬が完結しうるところ」「自転車が使えないところ」で、最後まで頭上運搬が残ったということか。

「電車がない」「小さな地域で運搬が完結しうる」ということで思いつく場所は、いうまでもなく島嶼部である。島嶼部のうちでも、平坦なところの方は、早く自転車に置き換わる。

よって、これを書いている２０２０年前後で、60代女性で頭上運搬の記憶があり、今もやろうと思えばできる人たちは、「坂の多い島嶼部」の人たちということになり、神津島や江島はまさにそのような島である。

モータリゼーションによりすべての運搬は自動車に取って代わられていき、記憶のある人もいなくなるのだが、その道筋に一世代、二世代くらいの差はありそうなのである。

（＊27）「自転車の歴史」自転車博物館（現・シマノ自動車博物館）ＨＰ、２０２１年7月26日閲覧。

（＊28）瀬川清子「頭上運搬について」『高志路』9巻7号、新潟県民俗学会、１９４３年（瀬川清子『販女』三国書房、１９４３年に補訂のうえ収録、また、木下忠編『背負う・担ぐ・かべる』岩崎美術社、１９８９年にも収録）。

Ⅲ　生活と労働を支えた身体性

「センター」は体のどこに？——頭上運搬の美しさの秘密

探しても見つからない「軸」「センター」とは

先に「センター」という言葉を使った（145頁）。沖永良部の女性の頭上運搬の姿の美しさについて、「真っ直ぐなセンターが通る」と書いたのである。

「センター」とは何か。「軸」とか「センター」とか「正中線」という言い方は、ときどき耳にすると思う。

フィギュアスケートで回転する時、「軸がぶれた」という言い方をしたり、クラシックバレエで「センターを意識してピルエットを行なう」などと言う。武道では「正中線」といわれるし、ゴルフでも「軸が決まる」などという使い方をしていると思う。

スポーツや舞踊においてパフォーマンスを上げるためには、どうやらこの「軸」とか「センター」とかいうものが重要であるらしい、ということはわかる。軸が決まったり、センターが通っていたりすると、ハイパフォーマンスが期待できるし、何より見ていて、じつに美しいのである。

「軸」は、では、どこかに探して見つかるものなのか。亡くなった体を解剖していけば、内臓や骨のように、どこかに「軸」というものがあるのか、というと、ない。どこにも視覚的には見つからない。物理的に体のパーツとして探して、どこかに「あ、軸があった」というふうに見つかるものではないのである。

運動科学者である高岡英夫は、それは「意識」である、と論じた。「センター」という身体の意識であると呼び、この「意識」を研究して「身体意識」と命名する（＊29）。昔からよくいわれてきた「丹田《たんでん》」なども「身体意識」なのである。

感覚器は、視覚、聴覚、そして体性感覚の３系統に分けられるのだが、高岡は「意識」もまた、この３系統に分けられると考え、視覚情報をもとに成立するような意識を「視覚的意識」、聴覚情報をもとに成立する意識を「聴覚的意識」、体性感覚の情報をもとに成立している意識を「体性感覚的意識」、略して「身体意識」と命名した、という（＊30）。

重力線に沿って形成された「意識」

すでにわかりにくいかもしれない。なぜわかりにくいと感じるかというと、そもそも「意識」とは何かということを、明確に定義することが困難だからである。

意識とは何なのか。いったい、意識とはどこから生まれてくるのか。何に由来するものなのか。私たちは、まだ知らない。

それは、生命がどこから生まれてきたのかとか、どこから宇宙が始まったのか、ということと同じように、まだ人間が解明できていないことだから、としかいえない。

高岡は、意識がなんであるのか、どこからきて何に由来するのかは、古来も今もわからず、突き詰めると「魂」の話になってしまい、今後も解明されることは困難であろうという(＊31)。

同時に高岡は、わからないとはいえ、人間が生きている時に意識はたしかに存在するものであり、「様々な感覚器から求心性神経を通って脳に送られる情報と、脳から制御器に指令を送る遠心性神経が介在する情報に支えられている側面がある」と説明している(＊32)。

ともあれ、「身体意識」というものは存在し、従来、正中線、軸、センターなどと呼ばれていたものは、言い方は違えど、同じものを指しており、それは、「重力線とその延長線上に沿って形成された直線状の意識」(＊33)であり、高岡はそれを学術的な統一概念として改めて「センター」と呼ぶ、と定義しているのである。

必要なのは「ゆるんでいること」

「重力線」というものは、物理的に存在している。だから、誰にでも感じられるもののはずである。

では、その重力線の延長線上に沿って、誰でも意識が形成できるのか、というと、そうではない。話が戻るが、舞踊やスポーツで「軸が通っている」といわれるような人にしか、形成できていないのである。

重力の感知のメカニズムは、高岡によると「頭部にある身体の傾きを感知する前庭《ぜんてい》、加速度を感じる三半《さんはん》規管《きかん》、そして、全身の筋肉に埋まっていて筋肉にかかる張力を感知する筋紡《きんぼう》錘《すい》という感覚器、足の裏にある圧力を感じる感覚器などから、どこにどのくらいの力が働いているかを微妙に感じ取り、その情報を脳に送って」おり、「そして、脳はそれらの情報を演算処理して、重心の位置や重力の方向を判断」するものであるという(＊34)。

なぜ、重力線は存在するのに、それに沿って身体意識を形成できないのかというと、身体のあちこちの筋肉に力が入っていて、重力の感知がスムーズにいかない、すなわち、重力の微妙な変化を感じることができなくなっているから、なのである。

だから、物理的な重力線の変化を感じるには、できるだけ、筋肉を脱力させている必要があることになる。つまり身体意識を形成するためには「ゆるんだ体」が必要であり、また、「ゆるんだ体」になってくると、さらに身体意識が強化されていく、というサイクルに入り、どんどんパフォーマンスが上がっていく。

高岡が、誰にでも行なうことができる「ゆる体操」(＊35)を発案し、普及を行なっているのも、そもそも体がゆるんでいることがすべての基本だからである。

意識をダイナミックに使う頭上運搬

頭の上に何かものをのせて運ぼうとする時には、「重力線」を使わなければならない。

地球の中心に向かって伸びる重力線に沿って、ものを立てると安定する。ビール瓶にしてもペットボトルにしても、細長い形状のものを置いても、そのものが倒れないのは、重力線に沿って立てているからである。

人間の体は、ビール瓶のように常に真っ直ぐであるわけでもないし、静止してもいない。

頭の上は平らではないし、体のパーツはさまざまに分かれている。しかも、頭上運搬は「運搬」こそが目的なのだから、ものを運ぶために、体を動かさなければならない。

ここで行なわれなければならないことは、運ぼうとするものの重心が体の重心と重なり、体を真っ直ぐ重力線に沿わせること、しかも、歩いて運ぶのであるから、動くたびに、その重力を感知し、微調整されていかねばならない、ということである。

まさに、「重力線とその延長線上に沿って形成された直線状の意識」を、ダイナミックに使いながら動いている、ということになるのである。

よくゆるみ、センターの形成された美しさ

頭上運搬は過酷な作業である。数十キロに及ぶものを運んだり、毎日、家族のために水を運んだりするために使われた。しかし同時に、その姿が凛《りん》として美しいことは、折に触れ語られていた。

ここまでにも書いてきたが、伊豆諸島では、異性の目の多い夕刻の時間帯に、彼らがいる場所を選ぶようにして、頭上に水をのせて歩いていた娘もいたという。沖永良部でも、その運搬する姿の美しさと、頭上にものをのせたまま挨拶をしようとするしぐさの可憐さにつ

いて、島尾敏雄が書き残してもいた。

年齢を重ねても腰が曲がらず、美しい姿勢のまま老いていくことも、頭上運搬を行なっていた地域では語り継がれている。頭上運搬をする本人たち自身が誰より、その美しさについて自覚的であっただろうと思われる。

この美しさはもちろん、「センター」が形成され、体にこわばりがなく、よくゆるんでいるからにほかならない。

すーっと真っ直ぐに地球の中心から立ち上がるような真っ直ぐな体でありながら、ゆらゆらとした感じがあり、かたさは感じられない。毎日、生活の一部として行なうことであるから、毎日、形成されたセンターは磨かれ、ゆるんだ体はさらにゆるんでいく。

そういう身体の状態が精神に影響を与えないはずはない。包容力があり、芯《しん》の通った人に自然になっていったはずである。

（＊29）高岡英夫『からだにはココロがある』総合法令出版、２００２年。

（＊30）〜（＊34）高岡英夫『センター・体軸・正中線——自分の中の天才を呼びさます』ベースボールマガジン社、２００５年。

（＊35）たくさんの本があるが、たとえば、高岡英夫『脳と体の疲れを取って健康になる　決定版　ゆる体操』ＰＨＰ研究所、２０１５年。

生活を支える身体の使い方、生活を支える運動

「運動」ってなんだろう？

「健康のために運動を」と、聞かない日はないような気がする。

みんな「運動」をしなければならない、と思っているし、おおよその人は、自分が「運動不足」だと思っているし、２０２０年からの新型コロナパンデミックの中、家にいる時間が増えて、「運動の機会が減った」ということにもなっていた。

「運動」ってなんなのだろうか。

よく考えてみないとわからないし、考えてもわかるかどうか定かではない。忙しいから、そういうことはよく考えず、運動とはおおよそ「スポーツ」をすることであろう、と考えたり、運動とは「よく歩くこと」だ、と考えたりしていると思う。年齢性別を問わず、そう思

っているような気がする。

人間は動物である。動物とは「動く」から、「動く」「物」つまりは「動物」なのであり、だから人間にとって動くことはとても大切であり、運動は必須のものだとは思う。

とはいえ、「運動＝スポーツ」「運動＝よく歩くこと」で、よいのだろうか。

現代日本人にとっての「運動」「体育」「スポーツ」

「運動＝スポーツ」という考え方は、私たちが受けてきた教育に深く根ざしている。学校教育における重要な科目の一つが「体育」であり、小中高までは文科省が学習指導要領で体育科目について定めているので、どのような学校でも、多少の読み替えはあるにせよ、おおよその人がこの科目（体育）を履修してきている。

　その内容の多くは、いわゆる「スポーツ」、つまり陸上競技であったり、器械体操であったり、球技であったりであることが多い。だからどうしても、体を動かすことは、イコール「スポーツをすること」である、と理解しながら育ってくる。

　スポーツの中で興味があったり、好きなものがあったりすると、部活動に参加して、その種目の技術を磨く。そのこと自体は大変結構なことである。日本の学校には部活動というものがあるから、多くのスポーツを学ぶ機会があり、自分がどういうスポーツが好きか、ということを知る機会もある。

こういう体育科目が世界中にあるかというと、そういうわけではなくて、多くの国では、学校では教えていない。ましてや部活動など、ないところが多い。種目ごとのスポーツなどは、学校の外でクラブなどに加入して習うものである国も多く、クラブに加入するお金がなかったり、そういう環境にいなかったりすると、スポーツを学ぶ環境すらない。

これはスポーツだけではなく、音楽や絵画も同じことで、地元の中学校でブラスバンド部に入ったから、義務教育が終わるころにはサキソフォーンが吹けるようになっていました、とかいうことは、日本ではよくあることだが、たとえばヨーロッパなどでは考えられない。音楽はコンセルバトワールで裕福な家庭の子どもが習うものなのである。

スポーツをすれば軸（センター）が通るわけではない

ともあれ、私たちにとって、体育教育と部活動のおかげで、スポーツとその鍛錬は身近なものとなり、その後の人生で「運動不足」といわれると、つい「スポーツをしなければならない」と思いがちになるのだ。

しかし、スポーツと、その鍛錬のありようは、必ずしも年齢が上がってからの日々の生活を支えるもの、というわけではない。

前にも取り上げた「センター」が通っている人は、もちろんスポーツのパフォーマンスのレベルも高いのだが、かといって、スポーツをやれば「センター」が通ってくるというものでもない。

スポーツというのはある意味、特殊な体の使い方をするわけであるから、スポーツを続けたからといって、自分に必要な生活所作が死ぬまで滞《とどこお》りなくできるための体づくりができたり、よりしなやかで、見ていても美しい体になったりする、というわけでもないのである。

スポーツ系の筋トレやジョギングも、スタイルとして確立しているし、ファッションも楽しめるし、見かけの筋肉はついたりするかもしれないが、それらが生活を支える体づくりに役に立つのかというと、またそれは別の話なのである。

高齢になってスポーツや筋トレを始めると……

「運動」と並んで、体に関わる別の分野である「医療」においては、科学的根拠がないものは医薬品にもならず、治療としても認められない。

しかし、ことスポーツや筋トレやさまざまな運動ということになると、新しいものが登場して、それがファッショナブルだったりすると、テレビで取り上げられたりネットで話題になったりして、みんながするようになる。

だが、結果として体を壊してしまうことも珍しくない。

年齢が上がって体がかたくなってから、かたまった体のまま、突然、昔と同じようにスポーツをしたり、走るのが健康にいいと聞いて、突然、ジョギングを始めたりすると、膝や腰をいためてしまったりする。

体がかたくなったから、と強いストレッチを突然行なうと、これまた、体をいためる。

高齢になっても、陸上競技や筋トレを競技会に出られるレベルでやっている方々もおいでになって、そういう人たちは、体はよく動いても、見かけが実年齢より上に見えるような感じになる人も少なくない。

陸上や筋トレのような動きを年齢が上がっても全力でやることは、生活を支える動きができるようになるとか、よりしなやかな、見ていても美しい体の使い方ができる、という方向性とは違っているところがあるのではないか。

たくさん歩けば、それでよいのか

「運動＝スポーツ」という考えと並んで、「運動＝よく歩くこと」という考え方も根強い。運動不足の解消とは、「よく歩くこと」だと思われているし、万歩計などを持ったり、最近はスマホが歩数を測ったりもしてくれるようなので、毎日、ノルマを作って歩いている人も少なくない。隣の駅まで一駅ぶん歩きましょう、というようなキャンペーンがなされていたこともあった。

もちろん、動かないでじっとしていることを思えば、歩くことは気分転換にもなるし、楽しいし、目的地に行けるという利点もあるから、悪くないようにも思えるけれど、たくさん歩けば、それでよいのだろうか。

スポーツの時と同様、「センター」が通っている人は、歩きもきれいだけれど、ただ距離をたくさん歩いていれば「センター」が通ってくるわけではない。かたまった体のまま、「とにかくガンガン歩くことが大切なのだ」と思ってかなりの距離を歩いていると、必ず、こちらも膝か腰をいためる。

運動不足だといって、スポーツを始めたり、たくさん歩いたりすることには、さほどの根拠もなく、「動いた方がいいでしょうから」というぐらいの意味で推奨されていることのように感じる。

日々を支える運動が、身体意識を育てた

私たちとしては、別に一生、50メートルを8秒台で走れる必要はない。全速力で走って逃げなければならない状況は、そうそう立ち現れない。バレエダンサーでないなら、１８０度の開脚ができる必要もない。それなりの交通機関の発達から見て、毎日来る日も来る日も何キロも歩かなければならない、というわけでもない。

そういうことは、趣味の範囲での楽しみとはなるかもしれないが、健やかに暮らしたい日々の生活で、そんなに重要なことではない。

私たちの多くが求めているのは、「高齢になっても、日常の衣食住や排泄《はいせつ》に問題がない程度に動けること」、つまりは死ぬまで動けること、さらに可能であれば「高齢になっても自らの体を快適と思い、見かけも悪くないこと」ではあるまいか。

そう思うと、スポーツ、ランニング、ウォーキングなどに熱心な割には、「生活を支える身体の使い方」については、十分に吟味されているとはいえない。

前にも紹介した「ゆる体操」は、その意味において、死ぬまで生活を支えてくれるような

タイプの運動である。どんな状況でも、何かできることがあり、今現在の状況より、体を少しでもよい状態にすることができる。

背景には、身体意識の研究がある。たとえば、センターという身体意識を強化するためには、ゆるんだ体が必要であり、センターが強化されると、さらに体はゆるんでいく、という、「どんどん上達していく」ような、らせん構造になった体の使い方を提示している。

人間がもともと自分のものとしていた体の動き方、動かし方は、こういった方向性のものではなかったか。

この本で取り上げている「頭上運搬」は、生活に必要な身体所作だったのであり、それを続けることでセンターが強化され、ゆるんだ体が結果として保たれる。実用性もあり、生活を支えていた運動でもあり、身体意識の強化にもつながっていた。

労働の過酷さ、のみではない、身体づかいの妙味が提示されていたことに気づくのである。

敬意と頭上運搬――高く、美しく運ぶやり方

敬意を表すしぐさとしての「ササゲ」「イタダク」

日本国内の頭上運搬の分布図は、１９５１年の『民俗學辭典』の分布地図が最もよく知られており、さらに、萬納寺徳子が１９６７年にアップデートしたものが存在することはすでに述べた。

これらの分布地図に出てくる地名は、当時、頭上運搬を「生活上の運搬手段として」使っていたところであり、祭祀や儀式の際に、頭上にものをのせる風習のあるところについては、記載されていない。

先に、「私共が物を押しいただく場合には、両手に持った物をやや高くあげて、頭部を、潜るが如く、頭上運搬をするが如く前に屈する挙動をする。私共もかつて、ササゲ・イタダク人々であった痕跡ではなかろうか」という瀬川清子の言葉を引用した（＊36）。

「ササゲ」「イタダク」は、頭上運搬をあらわす言葉なのである。

私たちは今でも、敬意をあらわしながら人に何かを差し上げようとする時、「捧げる」しぐさを取るのだが、それはたしかに、頭の上に何かをのせようとしているしぐさである、ともいえる。

同時に、自分たちが何かを敬意を持って頂戴《ちょうだい》する時のやり方も、また、両手でおしいただくのであるが、それは、頭の上にのせようとする姿勢のようにも見える。

頭上運搬は、まずはこのような「関係性の上で敬意をあらわす時のしぐさ」から始まったのか。あるいはまず「頭上で運ぶ」という事実があり、それが敬意をあらわすしぐさとしてよりふさわしいために採用され、のちの時代にも残ったのか。

供え物を運ぶ、最もふさわしい方法

天に近いものがより尊く、高いところにあるものがよりよい、という感覚は、ずいぶんと昔から存在したことであろう。足元のものは、汚れやすい。土、地面と交わることは、清潔という観念からすれば、さまざまな問題が生起しやすい。

地面から遠いほど、何ごとも、よく、清潔に保てる、ということは理解しやすい。尊いものは、できるだけ高いところに置きたいし、よきものは、そのように顕現《けんげん》させたいものだ。また、手で持つことは、文字通り「持ち上げる」のであるから、「もの」への重力が手にかかる。つまり手は、持ち上げる「もの」にかかる地球の中心に向かおうとする重力に反して、それらの「もの」を持ち上げようとするのである。

重力に逆らって持ち上げるような姿勢は、自《おの》ずと不自然なものになるであろう。実際、現在の私たちが手でものを持っている姿勢のことを考えればよい。ものを持っている姿勢は、結果としてなんとも不《ぶ》調法《ちょうほう》になりがちで、敬意をあらわす姿勢を取るには、向かないように思われる。

頭上にのせることによって、まず、地面からは「もの」が最も遠くなる。そして、「もの」にかかる重力は地球の中心に向かうのであるから、頭の上にのせることというのは、自らの重みに、「もの」の重みを足しているだけであり、「持ち上げる」という動作はしなくてすむから、身体は真っ直ぐに保つことができる。

逆に、センターの通った、真っ直ぐな、軸の通った身体でなければ、頭上に何かものをのせて運ぶことはできない。

よくととのった、すっきりとした身体を持ち、その頭の上に「もの」がのっている様子は、

「敬意を込めて運ぶ」、つまりは供《そな》え物をする時の運び方として、まことにふさわしいやり方であったに違いない。

「舞い罷れば、錦は頭に纏う」

1952年に著された吉川幸次郎《よしかわこうじろう》と三好達治《みよしたつじ》の名著『新唐詩選』（＊37）には、以下のような杜甫《とほ》の五言絶句が挙げられている。

即事

百寶裝腰帶
眞珠絡臂韝
笑時花近眼
舞罷錦纏頭

百宝《ぼう》は腰帯《ようたい》に装《よそお》い
真珠は臂韝《ひこう》に絡《まと》う
笑いし時は花の眼に近づき
舞い罷《おわ》れば錦《にしき》は頭《かしら》に纏《まと》う

吉川は、「一生愁《うれ》う」といわれた詩人である杜甫にも、こういう可憐な少女の舞いを詠《えい》じたものもあるのだ、という言い方で、この詩を紹介している。

　杜甫の時代、このような舞いは、屋内で行なわれるものではなく、中庭、つまりは、屋外で行なわれていたという。娘たちの帯には、たくさんのきらきらとした宝石が縫い付けてあり、それが外の光に照り映える。腕には、今でいう、太めのバングルをしているのだが、そこには真珠がちりばめられている。そういった舞装束《まいしょうぞく》での踊りは、おそらくは、日本の舞踊などよりずっと西方の踊りに近い闊達なものであっただろう、と吉川は書く。

　少女たちは時折、花のように笑うのだが、まさに、舞いを見ている席の周りの花が、彼女たちの目元に引き寄せられるように感じられる。そして、「舞い罷《おわ》れば、錦《にしき》は頭に纏《まと》う」、つまり、踊りが終わると、少女たちはご褒美《ほうび》として、錦の反物をもらうのだが、それは、頭にのせてもらうのである。

　そのように、ご褒美として頭上にのせてもらう形でものをいただく、というのが当時の風俗であったらしく、宋の程大昌《ていだいしょう》の随筆、演繁露《えんはんろ》に、詳しく説明されているという(＊38)。

神への供物は、頭にのせて運ぶ

　これは、瀬川清子が書いていた、「ササゲ」「イタダク」姿勢で、敬意を持っていただき、頭の上にのせてもらう、というやり方そのものであり、滋賀県や会津の祭祀で行なわれていたやり方と、とても似ている。

瀬川は、いくつかの祭祀で使われる頭上運搬について記している。

まず、柳田國男の『日本の祭』(＊39)をひいている。それによると、南会津のある古い神社の祭りでは、両親の揃った若い男女が、それぞれに頭上に酒や料理のお膳をのせて列を作って、神前に進み、神殿の中で神主が一つ一つ、それらの頭上運搬された酒やお膳を受け取っていたのだ、という。

近江地方のほかの神祭にも、神への供物を頭上にのせて運ぶ例が見受けられたという(＊40)。大津市の樹下《じゅげ》神社の祭りでは、6人の頭屋《とうや》の中から、嫁入り前の娘が一人選ばれ、嫁入りの服装をして、フネと呼ばれる浅い箱に神への供物を盛ったものを頭上にのせて運んでいたらしい。滋賀県小松村（当時）では、女稚児《ちご》が、餅を頭にのせる形を取って、親や親戚の者が支えて参進《さんしん》する祭りがあった。

祭りに残る、頭上運搬の名残り

頭上運搬の際、頭にまず、藁で作った輪っかや、手ぬぐいを丸くしたものをのせてからものをのせる、というのは、伊豆諸島でも南西諸島でも言及されていたが、滋賀県の野洲《やす》郡中《なか》里《さと》村（当時）の高木神社の祭りでは、11歳の女の子が、最上の帯（品質がよい、上等の帯という意味かと思う）を肩からかけて、手に藁の輪を持っていたという。

これは、供え物を頭上運搬した名残りであろうと、周囲の村人たちも推量していたらしい。このほかの滋賀県内のさまざまな祭りでも、しぐさや言葉に、頭上運搬に関わるものが残っていた。

ここから瀬川は、近江地方、滋賀県下の各郡の祭りに神供《じんく》を頭上運搬した様子が残っているということは、女性が祭りに参与していたことと、頭上運搬は女性のみが行なっていた運搬法であるということを示しているのではないかと議論している。

「近江の国に残るこの頭上運搬の遺風は、単に祭日にだけする、神へのかしこまりの礼式であったのか、あるいは一般の婦人の、常の日の運搬にも、そうして、この遺風を祭にさえも留めていない近村部落にも、一様に行なわれたものであったのではなかろうか、という疑問を抱かせるに充分である」という瀬川の疑問は、いまだ解かれてはいない。

（＊36）瀬川清子「頭上運搬について」『高志路』9巻7号、新潟県民俗学会、１９４３年（瀬川清子『販女』三国書房、１９４３年に補訂のうえ収録、また、木下忠編『背負う・担ぐ・かべる』岩崎美術社、1989年にも収録)。

(＊37)(＊38) 吉川幸次郎、三好達治著『新唐詩選』岩波新書、1952年。

(＊39) 柳田國男「日本の祭り」、1941年(『日本の祭』角川ソフィア文庫、2013年に収録)。

(＊40) 瀬川清子 前掲書。

「大原女」「白川女」「畑の姥」——頭上運搬と京都の女たち

現代の祭りに残る大原女

京都の頭上運搬といえば、頭の上に薪、柴をのせる大原女《おはらめ》がよく知られている。何度も引用している頭上運搬分布図にも、京都の大原、八瀬《やせ》が挙げられているし、瀬川清子の頭上運搬の文献にも、大原女が登場する。

屋島落ちの平氏の内裏《だいり》女房が、市に出て、物の売り買いをしたのが、能地《のうじ》(＊引用中：現在の広島県三原市の漁村)の頭上運搬による魚売り女のはじめであると言い、京の身分の高い人が、左遷されてこの地に住み、やがて能地の女を連れ帰られたのが大原女だ、とも言っている。頭上運搬の風は、能地を先祖としてひろまったものであるのか、あるいは、京の上臈《じょうろう》から伝えられたものであるのか、あるいは京と言わず鄙《ひな》と言わず、古代の婦人の一般的な運搬法であったのが、特殊な事情から、京の近くと、海辺のあちらこちらに残ったものであるのかが、問題であるわけである（＊41）。

瀬戸内海の能地から広がったものか、京都から広がったものか、あるいはどこにでもあった運搬法が京都やその他の地域に残ったのか、と疑問を投げかけている。いまだに解決されていない問いかけなのであるが。

京都の大原観光保勝会によると、「大原女《おおはらめ》は、頭に『柴《しば》』を乗せて、京の町へ行商に出かけた大原の働く女性のことです。大原女の服装は時代を遡《さかのぼ》ると、平安時代、寂光院《じゃっこういん》に穏《いん》棲《せい》された建礼門院《けんれいもんいん》に仕えた阿波内侍《あわのないし》が山仕事をする際に着ていた衣装がその原型と言われています」（＊42）と記されている。

また、現代では春に「大原女時代行列」を開催して、一般の女性を含むさまざまな大原女装束の女性たちが、大原の寂光院から三千院を練り歩くのだというし、「大原女に変身・着付け体験」として、装束や着付けも提供しているらしい。

現代のこの時代行列の写真を見ると、少しだけの柴や薪を頭上に置いて、片手で支えて歩いている様子がうかがえるが、これは現代のことであるから、頭上運搬、とはいえないし、頭上にのせて手を離して歩く練習をするわけでもないようだし、イメージされている大原女もそんなにたくさんの柴を運んでいるようでもない。

しかし実際には、重さ50キロもある薪を頭にのせ、毎日、山道を通って得意先に売りに行っていた、ということである（＊43）。

『京の女人風俗』——昭和30年代と頭上運搬

昭和38年（１９６３年）に京都新聞社によって編まれた『京の女人風俗』（河出書房新社）は、昭和37年4月から京都新聞に「絶賛をあびた」連載読み物として、およそ半年をかけて20編、１６０回にわたって集中連載され、加筆ののち出版されたものである。

豊富な写真も多く載せられていて、大原女から芸妓まで京都の女性たちの、主に服装に主眼を置いて、丁寧な記述が試みられている。

世の中は１９６４年の東京オリンピックを迎えようとしていたころで、私自身も記憶のあ

大原女（『京の女人風俗』より　撮影：京都新聞社）

る時代なのだが、そのころにはまだ、京都のさまざまな地区の女性たちは、昔ながらのたたずまいと風俗を残していたり、あるいは残していないまでも、先代の記憶として、はっきり覚えていたりすることが、写真や文章からうかがえるのは、隔世《かくせい》の感がある。

この本の冒頭の三章は「大原女」「白川女《しらかわめ》」「畑《はた》の姥《おば》」であるが、それぞれ頭上運搬を行なっていた京都の女性たちである。

今でもよく知られているのは「大原女」だけであり、実際に「頭上運搬地図」（136頁）に表れるのも、上記に記したように八瀬、大原だけなのだが、昭和30年代には、まだ京都の街中でこれほどの人たちが頭上運搬をしてものを運んで、売っていたことが記憶されていたのである。

「大原女」も「白川女」も「畑の姥」も、「ひさぎめ」といわれる、ものを売る女性たちである。大原女は前記のように、山から薪や柴を売りに街に下りてくる。白川女は花を売り、畑の姥は、はしごや脚立《きやたつ》を売っていた。

それぞれに服装も決まっており、服装を見るだけで何を売っている人か、売るものを頭にのせていない時でも、わかったようである。

花を売る白川女

京都の白川、とりわけ北白川は、瓜生《うりゅう》山を中心に西南へ扇状に広がる豊かな土地で、暖かい風を受ける地域であるため、草花がよく育つ地域であったことが、紀貫之や藤原定家の歌からも知られている。のち、仏教が普及し、仏に供える花の栽培が盛んになり、花の行商が始まったという。

南西諸島では、ガンシナーと呼ばれる藁で作った「輪」をまず頭にのせてから、運ぶものを頭上にのせるということは、どこでも同じであるが、白川女はその「輪」の上に、藤で作られた箕《み》をのせ、その上に20～30束の仏花や榊《さかき》をのせ、大正の終わりあたりまではよく行商をしていたという。

白川女については、実際に話を聞くことができた。白川女風俗保存会会長の細川《ほそかわ》寿美枝《すみえ》さんは、平山郁夫が描いた白川女の母娘のモデルになった方である。２０２３年にお話をうかがった折に70代半ば、和裁や着物の着付けも仕事にしてこられた方で、姿勢も姿もじつに美しい。

北白川で生まれて育ち、今も北白川にお住まいで、京都の時代祭で花籠を頭にのせて歩く白川女行列を今もリードする存在である。時代祭にはすでに50回以上参加しているといい、

時代祭での細川寿美枝さん（中央）とご家族（写真：産経新聞社）

現在では娘や孫や嫁とともに参加している寿美枝さんの表情は、まことに朗らかである。

時代祭に白川女は25人くらい参加し、花の籠は10個用意し、御所から平安神宮まで歩く。寿美枝さんご本人とお嬢さんお二人は、手で支えず、頭上で運ぶことができるという。立ってのせることは誰でもできると寿美枝さんは言うが、のせて歩くとなると、また別の話である。頭にのせているのだが、腰でバランスを取る。腰でバランスを取ると歩けるし、ある程度重みがあれば、風が吹いても大丈夫であるらしい。

現在の時代祭の花籠は、だいたい5キロくらい。昔はもっと重かったし、ある程度の重さがある方が、頭にしっかりのって運びやすい、というのは、琉球弧などほかの地域で聞く話と同じである。

寿美枝さんの母方の祖母は、明治28年生まれで、ずっと花を売る、すなわち「白川女」の仕事をしてきた人だった。当時の女の人の生業《なりわい》の一つであり、手に抱えて売ったのでは、量が少ない。大八車《だいはちぐるま》に途中まで積んでいくが、荷車に積んでいるだけでは売れない。大八車の花を何軒か分、頭にのせて運び、京都洛中の家々をめぐってこそ、売れた。

それぞれの白川女がお得意先を持っていて、寿美枝さんのお祖母様は新町、室町あたりで、そういうお得意様は、母から娘へと継承されていくものであったらしい。

時代が変わり、もう、寿美枝さんは花を売っておられず、祖母の代で終えたのだ、とおっしゃる。白川女の花売りは、寿美枝さんの記憶では「10年前くらい」（すなわち２０００年代を過ぎてから）でも20人くらいやっている人がいた、ということだが、現在は誰もいない。

そのような白川女の花売りの様子は、現在は時代祭で、その姿を垣間見ることができるのであるが、もともとは、そのように頭にのせてものを運ぶのは、花を売るという以前に、北白川天神宮へのお供えに由来するものであり、白川女の頭上運搬は、そのお供えなしには語れない、と寿美枝さんは言う。

白川女（『京の女人風俗』より　撮影：京都新聞社）

北白川天神宮への供物を運ぶ――白川女の原型

この地区の氏神、北白川天神宮の秋に行なわれる大祭では、特別にしつらえられた神饌《しんせん》、すなわち神へのお供え物を、３人の女性（現在は４人）が頭にのせて運ぶ。これができるようになると、女の子は一人前、といわれた。

この神饌は、高盛《たかもり》御《ご》本膳《ほんぜん》と呼ばれる。円錐状にうず高く盛られ、古式神饌の形を今に伝える。御神酒《おみき》、豆腐、シイラ、小芋、大根なます、刻みするめ、柿、栗などを槽（ふね）にのせ、黒の紋付の小袖に前垂れをつけた女性たちが運ぶ。槽と頭の間には、藁で編んだ「輪」をのせて安定させる。これは沖縄でガンシナーとかカブセーと呼ばれるものと同じであるが、南西諸島で見るものより大ぶりであり、特にサイズもないのだという。もちろん固定することもないのはほかの地方と同じである。

最も重く特徴的な神饌は、小芋、大根なます、刻みするめを、それぞれ高く円錐形に盛った神饌を真ん中に、前にトビウオをのせた豆腐、後ろにシイラ、すべてを槽にのせるもので、寿美枝さんは20歳のころから二十数年、ずっとこの神饌を運ぶ役を担い続けた。一升瓶３本に水を入れて、頭にのせて運ぶような練習をしたといい、寿美枝さんは手を添えることなく、この重くバランスも難しい高盛御膳を１キロにわたって運ぶことができた。

寿美枝さんのあと、一人でこの御膳を頭上運搬する人はいないので、今では、４人の男衆が、槽の四隅を支えながら歩く。ほかに、かためて盛った米飯、柿、栗、枝豆なども運ばれる。これらの高盛は、北白川伝統文化保存会の盛方男衆が用意する。

新型コロナパンデミックがようやく落ち着いた、２０２３年10月１日の北白川天神宮大祭では、前夜、９月30日の夜８時から始まる高盛御供《たかもりごく》の準備を見学することができた。

白装束に身を包んだ男衆16名が集まり、高盛御供えを作る。この16人は、生まれた時から任命されるらしい。上の歳の人が亡くなると、次が任命される。16という数は、菊の御紋の花弁の数に由来するという。

夜８時前に北白川天神宮長生殿《ちょうせいでん》に行くと、人が集まっている。どうぞ、と言われるので中に入ると、８時ごろに宮司《ぐうじ》さんがお見えになり、ご祈祷《きとう》、よろしくお願いします、ということで、お供え作成作業が始まる。もともとこの場は女人禁制、外部の人間も入れなかったというが、20年くらい前から公開しているらしい。現在でも、作業をする畳のうちには入ることはできず、周りを歩いて見学する。

大きさの違う里芋がずらりと並べられていて、それを味噌を使って固定し、高く盛っていく。大根なますも、酒やみりんで味付けされた刻みするめも、それぞれの担当の方がゆっくりと箸《はし》を使って高盛に仕上げていく。これらは夜を徹した作業なのである。

翌朝8時、北白川は雨であった。参道をゆくはずであった高盛御供の女性たちによる運搬は、長生殿で行なわれることになり、それぞれの槽は4人の女性により畳の上で20歩ほど頭上運搬され、神様にお供えされてゆく。この女性たちの衣装の準備から着付けをすべて行ない、陰からそっと見守る寿美枝さんの姿は、やさしく、やはり、また、美しかった。

寿美枝さんをご紹介くださったのは職場の同僚であり、北白川に実家がある文化人類学者、丸山淳子さんである。おばさまが寿美枝さんの同級生であることから、寿美枝さんをご紹介いただいたのだ。

丸山さんは、ボツワナのブッシュマンを対象とした優れた研究業績を上げているアフリカ研究者である。先の章で紹介した、タンザニアをフィールドとする近藤史さんや八塚春名さんと同じように、ボツワナで水を運んでいるから、もちろん、頭上運搬ができる。

「遠いところばかりに行っていたけれど、地元も面白いですね。今度はお祭りに参加しようかな」と言っていた。

アフリカ研究の重要な拠点、京都大学アフリカ地域研究資料センターは、北白川からそれほど遠くない。頭上運搬による高盛御供は、地元の女性が行なうものであることはよく理解しているが、頭上運搬を現在でも日常的にできる京都大学のアフリカ研究者の女性たちは、京都の伝統文化継承にも貢献できるのではないか、と楽しい想像をめぐらせる。

はしごや脚立を頭に——畑の姥

『京の女人風俗』の本に戻ろう。次に運ばれるのははしごや脚立である。「畑の姥」とは、今聞くと、とても変わった呼び方に聞こえる。京都市内の右京区高尾にある北山林業地帯の梅《うめ》ケ《が》畑《はた》で、山仕事と林産物販売に従事していた女性たちのことである。

「はしごや〜、くらかけ」と、歌うように声をかけながら、頭に長いはしごや、腰掛けにもできるクラカケ（脚立）をのせて売り歩いていたという。林業のかたわら、余った間伐材《かんばつざい》で生活に必要な木工品を作り、街中に供給していたといわれる。

畑の姥は、『東海道中膝栗毛』にも記述が見られ、商売上手で、値切ったり値切られたりしながら、弥《や》次《じ》さんは、まんまとはしごを買わされてしまっているのである。畑の姥は、商売上手で働き者で、力持ち、活動的で男勝りのしっかりもの、として知られていた。

具体的には、はしごや床《しょう》几《ぎ》（肘掛けのない折りたたみの座具）、クラカケ（脚立）などを頭上にのせて売っており、一回の運搬量はだいたい、はしご１、床几３、クラカケ２、ある

畑の姥（『京の女人風俗』より　撮影：京都新聞社）

いは、はしご2、クラカケ6で1セットであったと記されており、どちらにしても、だいたい40キロぐらいであるようだ（＊44）。

少女のころから、材木や柴を山奥から「ダチ持ち」（駄賃持ち、に、このような仮名があてられている）しているので、頭上運搬に慣れている、とのことだ。

畑の姥は、頭の上にのせる時に、藁で作った「輪」だけでなく、いただき袋、と呼ばれる独特の藁布団を使い、「輪」の下に敷いて、はしごのような長いものの安定をはかっていたようだ。

京都に住む、２０２１年時点で60代の男性は、はしごやクラカケを売る女性たちがバスに乗っているのを見たことがある、と語っていた。

女たちに表れた「美しさ」

この『京の女人風俗』は、いかにも昭和30年代らしく、「男の視点」で女を見ているところもあり、現在の新聞記者ならちょっと書くことを躊躇《ためら》うような色っぽい記述もある。

そういう「男の視点」がある、ということを踏まえた上であるが、大原女、白川女、畑の姥、それぞれの章に、それぞれが「美しい」ことが記されている。

大原女に関しては「大原女の里、八瀬、大原の女は美しい。……八瀬、大原の豊かな自然に、うまく調和した姿だ。こんな美しさは、素質によるものより〝美しくありたい〟と常に思う心がけが現れているのでは」と書かれている。

白川女についても、「白川女のうしろ姿はまことに美しい」と書かれ、畑の姥については、当時70代の京都の街中の女性の言葉として、かなりの年齢がいっていても、皆「べっぴん」で姿勢もよく、体格がよかった、大原女のような優雅さではないが、活動的で、独特の美しさがあった、と紹介されている。

頭上運搬する女たちは、その労働の過酷さはしのばれるものの、皆、美しい、と形容されるのである。

（＊41）瀬川清子「頭上運搬について」『高志路』9巻7号、新潟県民俗学会、１９４３年（瀬川清子『販女』三国書房、１９４３年に補訂のうえ収録、また、木下忠編『背負う・担ぐ・かべる』岩崎美術社、１９８９年にも収録）。

（＊42）大原観光保勝会ホームページ「大原女（おおはらめ）を知る」https://kyoto-ohara-kankouhosyoukai.net/oharame/（２０２１年12月10日閲覧）。

（＊43）（＊44）京都新聞社編『京の女人風俗』河出書房新社、１９６３年。

材木を運ぶ――山道を、頭上にのせて

京都・北山杉の集落での頭上運搬

女性が頭上運搬をして運ぶものは、文献や聞き取りによると、国内では、水など桶に入っているもの、芋・魚・花・野菜などざるや籠に入れているもの、あるいはセメントなど袋に入っているもの、薪など束ねているもの、などであった。はしごなど、かなり長さのあるものの頭上運搬での行商の記録もある。

林業を営む集落では、男性が丸太を肩にのせて山道を下る、という話は聞いたことがあったのだが、女性が丸太を頭上運搬する、という話は聞いたことがなかったし、記録にも出てこなかった。

ところが、知人から、京都の北山杉の集落で、杉の丸材を女性が運んでいたらしい、という話を聞く。京都北山丸太生産協同組合のホームページを見ると、たしかに、女性たちが北

山杉の丸太を数本、頭上にのせている写真が載っている(＊45)。その写真の左端には、男性が何本かの丸太を肩に担いでいる様子も写っている。

日本国内では、頭上運搬を行なうのは女性のみで、男性は肩に担いで運搬していた、といわれ、実際にどのようなものを運ぶ時でも、南西諸島でも伊豆諸島でも、男性は頭にはのせず、肩に担いでいる。

なぜ、男は頭にのせないのか、肩で担ぐのかと聞いても、皆一様に、さあなぜだろう、わからない、昔からそうだったから……という答えを返してくるばかりであった。この北山杉集落の杉材運搬の写真でも、男は肩に担いでおり、女性は頭にのせているのである。

北山杉のなりたちと女性たち

北山杉集落である京都の中川は、もともと平氏に追われてきた源氏の集落から始まったと伝えられており、追われてきたところでできる仕事を、ということで、杉の植林・加工が始まったという。水が豊かで、冷涼な地であることから、杉の木を育てるには適しているところであったのだ。

そもそも、木材生産が盛んであるような地区の多くは、木材を流して運べるだけの川がそばに流れているところがほとんどなのだが、この北山中川には、木材を流せるような大きな川はない。大量に木材を運び出すのは非常に困難なところなのであった。

とはいえ、この集落は、京の都の裏庭のようなところで、都までの距離が近く、川で木材を流さなくても、山道を歩けば、京の街中まで半日あれば一往復できる。小さめの杉材ならば、川に頼らず、人が運べば売ることができるのだから、そのような杉材に付加価値をつけるべく、独特の北山杉のありようが作り上げられていったようだ。

北山杉の皮をむいて、加工して作られる細めの北山丸太は、その緻密《ちみつ》な材質と、なめらかな木肌で知られるようになり、茶室や数寄屋《すきや》づくりの建築用材として珍重され、６００年の歴史を刻んでゆくのである。今や、エルメスなどのパリのハイブランドからも注目されているという（＊46）。

北山中川では、伝統的に、男は杉の伐採や枝打ちの仕事を行ない、女は伐採後の皮むきや、磨きなどの加工をしていた。杉の丸太は、一番寒さが厳しい冬の時期に、お湯で手を温めながら、女性たちが砂で磨いて、滑らかに、「べっぴんさん」に仕上げていたのである。そのように「べっぴんさん」に仕上げられた北山丸太を売ることを「嫁に出す」と言っていたらしい。

北山杉を運ぶ女性たち（写真提供：京都北山丸太生産協同組合）

女性たちが木材を頭上運搬していた写真を掲載している京都北山丸太生産協同組合のサイトには、

> 交通網が発達する昭和10年頃までは、京都の街の材木店などに丸太を運んでいくのも、女性の仕事でした。垂木《たるき》なら4～5本、床柱《とこばしら》なら1～2本の丸太を頭に載せ、山道を徒歩で下り、食料や生活用品と交換しに一日2往復したのです。重たい丸太を載せて下を向かずに山道を下るのは高度な技でした。

と記されている(＊47)。

丸太3本を頭にのせて山を下る

北山杉を扱っている会社、中源《なかげん》株式会社さんの事務所で、代表取締役の中田《なかた》治《おさむ》さんの話を聞いた。現在60代である中田さんは、実際に女性たちが北山杉を頭にのせて運んでいる姿を見たことはないが、年上の女性たちから、運んでいたころの様子はいろいろ聞いている、という。

　この女性たちが、材木を頭にのせる時に、緩衝材としてまずのせていたという藁で作ったドーナツ型のクッションを見せてもらった。これは、沖縄でガンシナーと呼ばれている緩衝材と同じタイプのものであるが、大きさが沖縄のガンシナーと比べて大ぶりであり、高さも5センチくらいある。杉を頭にのせる時には、頭の直径と同じくらいの大きさのものをのせていたようである。

　1本、あるいは、細い北山杉を3本、三角に縛ったものをのせる。頭上にのせる時は、立てかけてある木材の真ん中あたりに頭を持ってきて、えい、という感じでのせていたと聞いている、ということであった。バランスを取って、真ん中を頭にのせていたのだから、同じ重さの袋や水などを運ぶよりは、少しは軽く感じられていたのではないか、と思われる。

それにしても、細い北山杉とはいえ、丸太が３本であり、かなりの重さであったであろう。神津島では30キロのセメントの袋をのせていた、といわれていたが、それ以上の重さがあったのではないか。

〝材木と道の呼吸〟に合わせる

そもそも、男が肩で担ぐのであれ、女が頭上で運ぶのであれ、狭い山道で人間が丸太を運ぶ、ということは、かなりの技術と身体能力が必要なはずである。

だいたい山道というのは、真っ直ぐではない。というか、真っ直ぐではないから山道なのだが、そういう場所でかなりの長さのある丸太を、周囲に引っかからないように、落とさないように運ぶためには、丸太の端から端までが、まるで自分の体の一部のように感じられていなければ、無理である。

先にも引用した、運動科学・身体意識の研究者である高岡英夫は、『意識のかたち』(＊48)という１９９０年代の著書で、執筆時から約20年ほど前、千葉県御宿町《おんじゆくまち》で民宿を営んでいる、ごく普通の「親父《おやじ》さん」が、山から材木を出す際に同行した時の様子について書いている。身長は１６０センチもないくらいの、やせて小柄な、当時50歳前後の男性であったという。

柱や梁《はり》に使う太い杉や松の丸材を二本一度に肩に担ぎ、山の道なき裾野《すその》や曲がりくねった幅三十センチにも満たない細い畦道《あぜみち》を、ヒョイヒョイのスタスタ、サーッと吹きかうそよ風のごとく往《い》くのですよ。とにかく足場の極めて悪い狭い畦道でのターンには、本当に驚かされましたね。畦道の方はこちらには委細構《いさいかま》わずアッチコッチへまったくデタラメに曲りくねっているのですが、そのカーブに見事に材木を沿わせ、まるで加速すらしているように見える高速ターンで乗り切ってしまうのです。

この「親父さん」はいつも、「肩で担いではダメだ。〝腰〟で担ぐんだよ」と言い、また、「自分の〝力〟で担ぐのではなく、材木と道の呼吸に合わせるんだよ」という「恐ろしくなるほどの極意」を教えてくれたのだという。

材木と道の呼吸に合わせて、2本の丸太を担ぎ、山道を高速ターンで下りて行く。しかもこの「親父さん」は、民宿業が本業なのであって、プロの林業家ではないのである。

1970年代には、ごく普通の人がそのようにして、山から木材を運んでいたのだ。材木と道の呼吸に合わせることができる、ということは、材木と道の間の人間の身体が、まるで存在しないものであるかのように扱うことができた、ということでもあろう。

　そのような身体づかいは、ほんの一世代で、語ることすら忘れられることになってしまったのである。

（＊45）京都北山丸太生産協同組合ウェブサイト「北山杉と女性たち」
https://www.kyotokitayamamaruta.com/history/index3.html（２０２２年１月12日閲覧）。

（＊46）私信（Personal Communication）：北山杉生産加工　中源株式会社・中田治代表取締役の話より。

（＊47）京都北山丸太生産協同組合ウェブサイト「北山杉と女性たち」（ＵＲＬ・閲覧日、同前）。

（＊48）高岡英夫『意識のかたち』157～159頁、講談社、１９９５年。

頭上運搬を支える〝リズム〟

歩くことと、リズムを取ること

テレビ番組で、「パーキンソン病とリズム」のことが取り上げられていた（＊49）。パーキンソン病は脳の異常により、さまざまな運動機能に障害が出る病気で、機序の上でまだまだ明らかになっていないところも多い難病である。

難病ではあるが、50歳以上では１００人に一人の有病率ともいわれ、珍しい病気ではない。進行はとてもゆっくりであり、20年から30年という経過を見ていくような病気で、薬物療法と運動療法で天寿を全《まっと》うできることも珍しくない。

ただ、運動機能の障害が出るので、手が震えたり、真っ直ぐ立てなくなったりすることがあり、歩こうとしても、足がすくんで、一歩が出なくなったりすることもある。

この「すくみ足」の症状がある患者さんに、メトロノームをつけてもらうと、足がすくまず、一歩が出るし、立ち止まらずに歩き続けることができるのだ、という。メトロノームとは、ピアノを習っている時などに速さを確認するために使う、カチ、カチ、とリズムを刻む機械で、今は携帯用のものもあり、スマホなどにもアプリがある。

パーキンソン病はドーパミンが減少する病気なのだが、ドーパミンが減少すると、自らの力でリズムが保ちにくくなるということらしい。私たちが歩けている、ということは、自らの力でリズムを取ることができている、ということなのである。

病気でそれができなくなっている時、外からのリズムで補うことで、その外からのリズムに合わせて、体を動かし、歩けるようになる。パーキンソン病の症状は、つまり、自らのうちで、リズムを取るような機能に障害が出る、ということか。

メトロノームに合わせると、足がすっと出て、歩ける、というように、リズムに合わせて体が動いていくことを、専門的には「引き込み」というらしい。番組では、リズムには、そのような引き込みの力があると同時に、力を抜く効果もある、と報告されていた。

体がよくゆるんで力が抜けていることで、さまざまな運動のパフォーマンスを上げることができる。子どもたちがリズムにのることで、歯磨きが上手にできたり、かけっこが速くなったりしていく様子も取り上げられていた。引き込みにより、余計な力が抜け、しなやかな動きでパフォーマンスが上がるのである。

『逝きし世の面影』に描かれた、労働のリズム

一昔前の日本人は、働く時に、リズムを取りながら、歌ったりかけ声をかけたりしていたものだ。今でも、餅つきなどの作業に片鱗《へんりん》を見ることができるが、体を使って労働していた時は、一人の作業も、仲間との作業も、すべてはリズム、だったのであろう。

すでに古典的名著となった渡辺京二著『逝きし世の面影』の「労働と身体」という章には、

明治初年に日本にやってきた外国人たちが、日本の男たちが何人も集まって杙《くい》打《う》ち機械を使ったり、巻揚機《まきあげき》を回したりする様子を観察して、「変な単調な歌が唄われ、一節の終りに揃って綱を引」いたり、少しだけ曳《ひ》くために「一人が音頭《おんど》をとり、一同が口をそろえて合唱する」ことなどを記録していることが紹介されている(＊50)。

また「労働の辛さを、気持のよい音か拍子で軽めるとは、面白い国民性」とモースに語らせている。舟の漕ぎ手は、「ヘイ　ヘイチャ　ヘイヘイ　チャ」と言いながら、じつに上機嫌で舟を漕いでいた、という。労働はきついのであるが、リズムにのることで、パフォーマンスも上がり、そして、何より、楽しかったであろう。

私たちが楽しい、嬉しい、と感じることには、ドーパミンの分泌が関わっているという。要するに、幸せを感じて、意欲を感じている時には、ドーパミンがうまく分泌されている、というわけだ。なんだか楽しい、なんだか嬉しい、なんだかうまくいく、という時は、ドーパミンがふんだんに出ているらしい。ドーパミンたっぷりで、ゆったりと仕事をしていた、ということである。

いや、ゆったりと、というのは誤解を招くかもしれない。非常にきつい、緊張感のある、一歩間違えば大怪我をし、命も落とすような場でさえ、リズムを作ることで、その場にいる人たちがゆったりとよい集中ができていた、ということであろう。

ゆるみ、リズムにのることで得られる、ゆったりとしたよい集中

前節で、運動科学者の高岡英夫が、千葉県御宿町で民宿をしている林業のプロというわけでもないごく普通のおじさんが、山から材木を出す時に「柱や梁に使う太い杉や松の丸材を二本一度に肩に担ぎ、山の道なき裾野や曲がりくねった幅三十センチにも満たない細い畦道を、ヒョイヒョイのスタスタ、サーッと吹きかうそよ風のごとく往く」ことについて記していることを書いた。

高岡は、運動科学研究の成果として「ゆる体操」を世に出しているのだが、目指しているのは、寛解性《かんかいせい》意識集中であるという。

つまり、我々は普通、いざという時、ここぞという時、つまりは集中しなければならないという時には、緊張してしまうのだが、本当の意味でパフォーマンスの高い集中力は、寛解、すなわち、ゆるんでいる時にこそ発現される。

緊張性意識集中ではなく、寛解性意識集中こそが、ここぞ、という時に必要なことなのだ。まさに力を抜くこと、であり、それはドーパミンがふんだんに分泌され、楽しく幸せな感じ

で、リズムにのっていることで得られる状態でもあった。

体が記憶するリズム――丸太を担いで山を下りる

先にも紹介した、北山杉の生産加工の仕事に従事する中田治さんに、丸太を担いで山を下りる時のことを聞いた。

丸太を担ぐ時には、天秤のような感じで、立てかけてある丸太の、だいたいこのあたりが真ん中、と思って支点を決める。真ん中に支点があると、担げるから。丸太や垂木《たるき》を2本一緒に担ぐ時は、上と下の両端の接点をつけるようにする。必ず、2本がぴたり、と決まる点があり、そこが決まっていると、担いでも2本がずれ動いたりすることはない。

3本でも基本的に同じである。ぴたっと動かない点がある（つまり、2本でも3本でも、まるで1本の丸太と同じように扱える）。そして、カン（勘）で、だいたい真ん中あたりを肩にあてて、担いで持ち上げる。

真ん中を間違うと、後ろか、前か、どちらかに引っ張られてしまうから、担げないので、間違うことはない。ちょうど真ん中で担ぐと、木材がスッと起きて、後ろに流れる。

そのようにして長い丸太を担いで山道を下りるのだが、道を下りる際にも、こっちを通る、ということは、カンでわかる。山から木を出す時は、絶え間ないカンの連続。体で覚えている。

山から、だいたい、リズム感で下りてきていた。今から下りる、と思ったら、体が覚えているので、リズムを取ったら、そのリズムで下りられる。まさに、リズム。

そういえば、木挽《こびき》もリズムでやっていた。くさびうち（割れを防ぐ作業）も、コン、コン、パパパパ、とね、一人一人のリズムでやっていた……。

頭上運搬にも欠かせないリズムとゆるみ

山と木を相手にするのは、命がけの危険な作業の連続である。そのような中だからこそ、リズムを使い、引き込み合い、よくゆるんだ身体づかいをすることが、すべての仕事を支えているのである。

ちなみに、北山杉には、磨《みがき》丸太、天然出絞《でしぼ》丸太、ちりめん絞丸太、垂木《たるき》、などがある。

垂木はその中でも径が小さく、美しい木肌で、磨丸太のミニ版、といった感じのもので、伝統的に数寄屋建築、茶室などに使われてきたものだが、近年では手すりや装飾用にも使われるという。

垂木は長さは３メートル、直径12センチくらいで、重さ16〜20キロ。２本一括《ひとくく》りで30キロくらい。直径６センチくらいの垂木は３本まとめて担ぐ。

女性たちが北山杉の丸太や垂木を頭上運搬で運ぶ様子が写真で残されているが、そのリズムと、体のゆるみは、写真からも伝わってくる。

（＊49）ＮＨＫ総合テレビ『ガッテン！』２０２２年１月12日放送。

（＊50）『逝きし世の面影』渡辺京二著、葦書房、１９９８年（平凡社、２００５年）。

北山杉の仕事と女性たち

皆が杉の仕事に関わっていた

京都北山中川で、昭和９年（１９３４年）に生まれ、ずっとその地に住んでいるという、87歳（２０２１年時点）になるふさえさんの話を聞いた。

この世代の中川に生まれた女性たちは、皆、中学校を卒業するとほとんどが北山杉に関わ

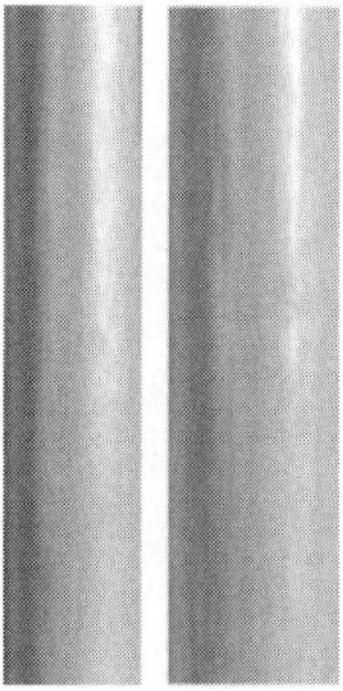

磨丸太

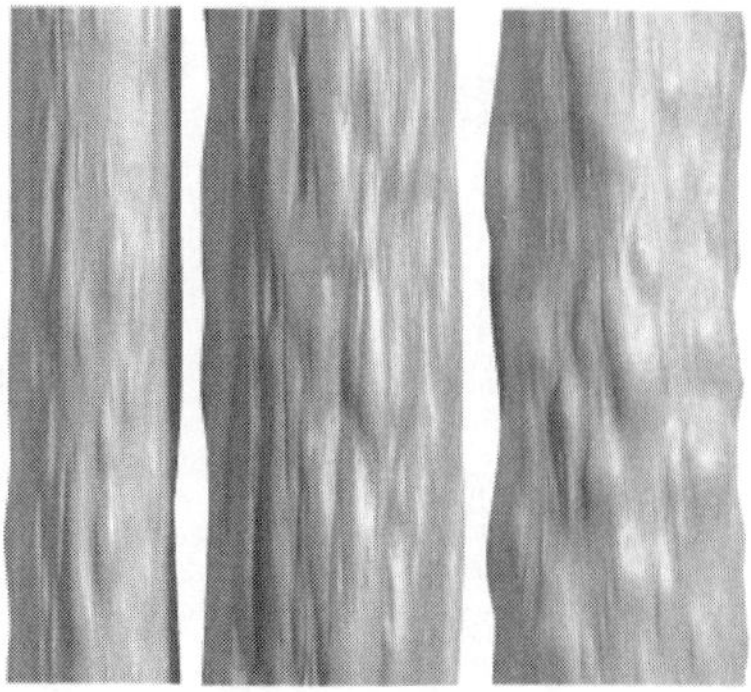

天然出絞丸太

ちりめん絞丸太

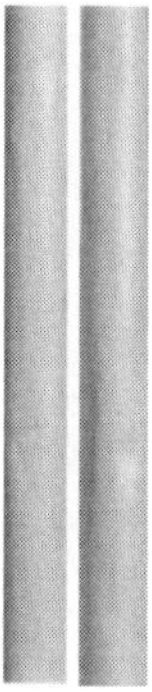

垂木

写真提供：京都北山丸太生産協同組合

る仕事に従事していた。それぞれが家業として杉の仕事に携わっていたというより、彼女たちのほとんどは、雇われて杉の仕事をしていたのだという。

北山杉に関わる仕事は、男女の分業がはっきりしており、この地区では多くの女性たちは、雇われてこの作業に従事していたようだ。文字通りこの地区の生業であった、ということである。

女性たちは北山杉の仕事でお金を稼ぐことが当たり前になっていた。中学校を卒業した女性たちは皆、働くのだから、家庭もいわゆる共稼ぎ状態が普通であり、子育てや家事は、主に、北山杉関連の仕事を引退した年齢の祖母たちの仕事であったらしい。

北山丸太生産協同組合によると、昭和10年ごろくらいまで、女性たちが京都の街に丸太を頭にのせて運んでいた、と記されている。先に見たように、写真も残っているのだが、おそらく昭和初期のものだろうか。

昭和9年生まれのふさえさんは、頭に材木をのせたことはないし、年長の女性たちがそういうことをしているのも見た覚えはないという。中川を通る道路自体は明治時代にできたらしいが、トラックなどによる輸送が始まったのは昭和10年ごろからだった、とふさえさんは聞かされている。小さいころからすでに、出荷などはすべてトラックになっていたことを覚えているという。

人の手による作業に頼っていたころ

記録をたどると、北山中川から貨物自動車による丸太の搬出が最初に始まったのは、昭和元年（１９２６年）であると記されている（＊51）。

近くに大きな川がないため、杉の運搬は人間が持って街に売りに行くしかなく、そうであるからこそ、人間が担いだり頭にのせたりして運べるような大きさの、細めで美しい北山杉が造られるようになった。

北山中川から京都の街に出る道は、「京道」と呼ばれている。峠を越えながら、京都の街中まで2時間半かかる。昭和10年以前には、この道を女性たちが丸太を頭上運搬して運んだのである。

ふさえさんの時代には、丸太は運ばないにせよ、この道を使って炭と柴を京都に売りに行き、帰りに食料を買ってきたりしていたという。家族で歩いて桜を見に行ったりした思い出もある。金閣寺の裏の方、原谷《はらだに》を通るのだが、原谷に行くには鷹峯《たかがみね》の手前の滝のあるところから脇道を通っていく。鷹峯まではきつい道である。

昭和10年以降、京都の街までトラックで運べるようになってからも、北山杉の作業はまだまだ人の力に頼っていた。ふさえさんも中学校を卒業後、ずっと北山杉に関わる仕事をしてきた。

男は枝を取り、枝をはらい、草刈りは女の仕事。女たちも、中学校を出るとみんな働いていて、それぞれの季節で仕事が決まっていた。6月は草刈り、8月末に垂木を下ろして、10月は大きい木を下ろす。

トラックで運べるようになったといっても、山から材木を下ろしたり、出したりするのは、人間でやらないといけないし、当時、山から下ろして運ぶのは女の仕事だった。ふさえさんたちも、頭にのせて運ぶことはしていないが、山から材木を下ろす作業は、毎年夏ごろから行なったという。

真冬に、水に入れた砂で丸太を磨く

垂木などは肩にのせて、肩で3～4本担いで下りてきた。8月末の10日間の厳しい仕事だったという。垂木の長さは3メートルくらい。後ろの葉っぱがついているところは、引っ張り、引《ひ》き摺《ず》り出して持って下りるのである。

真夏の仕事でじつにきつい。だいたい、一回下ろすのに、往復30分くらい。それを何回も何回も往復した。20歳ぐらいから、ここの女はみんなそういう仕事をしたのだという。肩に肩あてをのせて担ぐ。ふさえさんは右ばかりで担いでいたが、人によっては左に担ぐ人も、両方、担げる人もいた。

山から下ろした垂木や材木が集まってくるのは11月で、その丸太を砂で磨くのが、女たちの冬の仕事になる。まだ暖かいころに、菩提《ぼだい》の滝と呼ばれる滝に、丸太を磨く砂を取りに行く。

この滝の砂は、昔々に、あるえらいお坊様が、この砂が特別だから、これで丸太を磨くといいと言った、と伝えられていて、丸太を磨く砂はずっとここから採取されていた。この砂で女たちが磨くことで、なめらかな独特の北山杉が出来上がっていたのである。

寒くなる前に、二人で天秤で、一つの荷物にして、取りに行く。その砂を使って2月や3月に、桶に砂を入れ、水を入れて、その砂を手に取って丸太を砂で磨く。寒い中ではあるものの、この丸太磨き作業は大勢の女たちの関わる、じつに活気のある作業であったという。

半纏、前掛け、たちかけ、襷——生き生きとした女たちの姿

朝の8時から夕方5時まで、ずっと、磨く。半纏《はんてん》にたちかけの格好でね、とふさえさんは言った。半纏にたちかけに前掛け——3年ほど前、ふさえさんは再び、観光用でこの格好をしたといい、この時の衣装一式を今も保管している。

裾よけに肌襦袢《はだじゅばん》をつけ、その上から、まず、紺の絣《かすり》地《じ》の半纏をつける。次に三《み》幅《はば》前掛けをつける。三幅前掛けも紺の絣地で作られていて、3枚の布をつなげてあり、上部に明るい色の紐が縫い付けてある。これにはかなり幅広の紐を使ったりしたことも多かったらしい。

最初にセットを見せてもらった時は、これは前掛けなのだから、半纏にたちかけの上から掛けるのかと思っていたら、そうではなく、たちかけをはく前につける。つまり前掛けをつけた後で、その上からたちかけをはく。

たちかけは袴《はかま》と同じように、紐がついていて、まず後ろの紐を首の後ろで一度止めておいて、先にたちかけの前をつけ、最後に後ろの紐を前に持ってきて結ぶ。袴と同じように、たちかけの横の部分は外から見えるから、下に三幅前掛けをつけておくことで下着が見えない、ということなのであろう。

それと同時に、たとえば用を足す時には、たちかけの後ろの紐を解いて少しかがめば、裾

冬の丸太磨き作業（写真提供：京都北山丸太生産協同組合）

よけと三幅前掛けがあるだけになるから、程よく目隠しにもなったようだ。

半纏に三幅前掛け、たちかけをつけたあと、明るい色の襷《たすき》をかけて、それに手ぬぐいを姉さんかぶりにして、北山に独特の、半纏、前掛け、たちかけ姿が出来上がる。

半纏とたちかけは地味な色なのだが、たちかけのすきまから明るい色がチラッと見えるような工夫をしたり、赤い色の襷を使ったり、前掛けの紐がパッと目を引く色だったり、という差し色が可愛らしい。まことに魅力的な姿であったろうことが想像できる。厳しい中にも生き生きとした張りのある仕事が、季節ごとに行なわれていたのである。

厳しい仕事は、機械に代わられていった

ふさえさんは、杉に関わる仕事は65歳で辞めている。今は、水圧やたわしを使ったり、機械で磨いたりするようになっているから、女性たちが菩提の滝の砂で磨くことが仕事になることはなくなった。

ふさえさんのころは、中川の子どもたちはみんな同じ学校に行き、中学を出るとみんな中川で働いていた。小学校一学年１２５人で、中学校までずーっと一緒だから、気心も知れていた。冒頭に書いたように、賃金労働として北山杉の仕事に従事していたのである。活気も

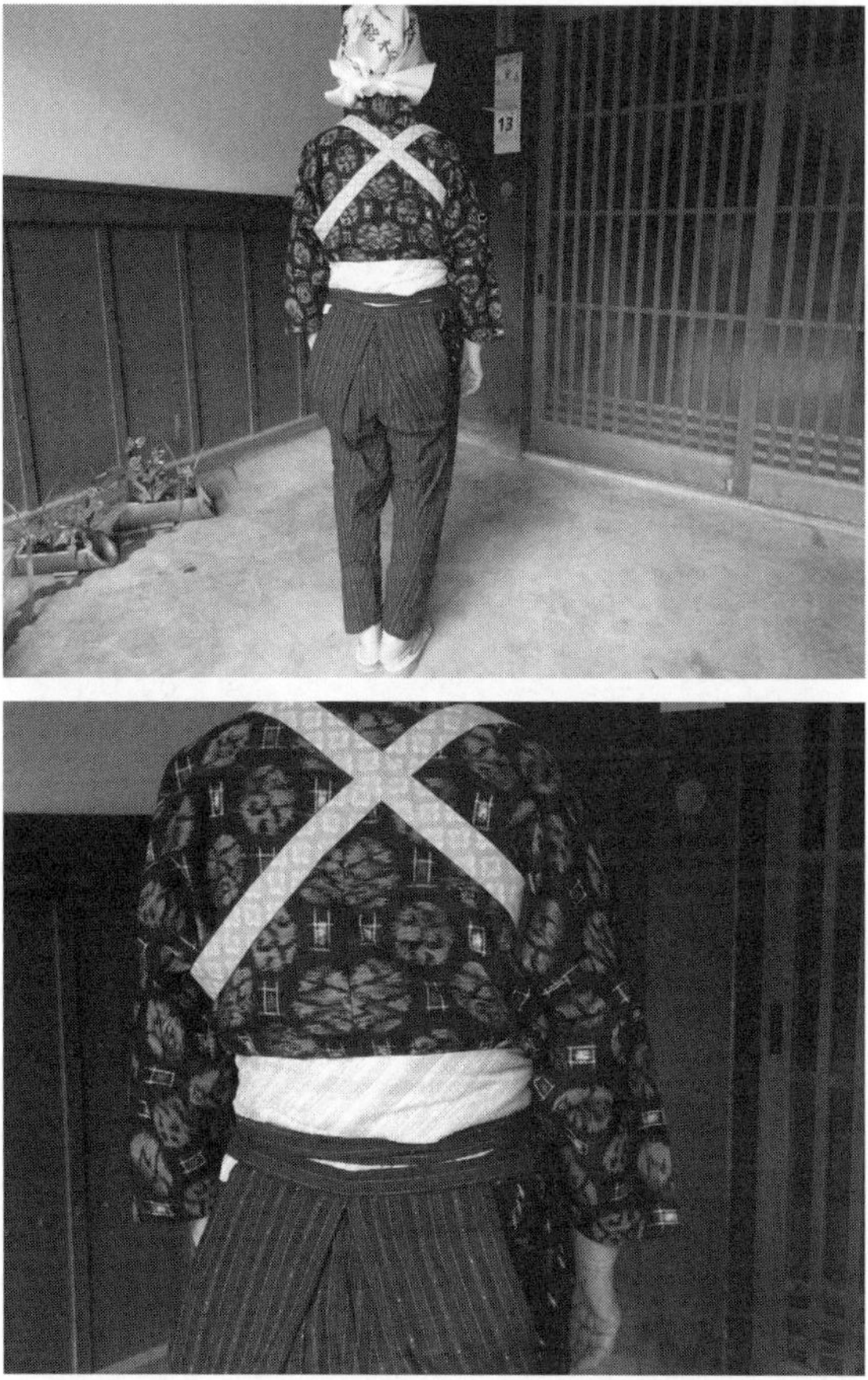

たちかけをつけた後ろ姿（写真提供：京都北山丸太生産協同組合）

あり生き生きとしていた。

夏に冬に、と決まっていた厳しい仕事は、機械に取って代わられていった。厳しい仕事はなくなったとはいえ、結果として地元での仕事がなくなり、外に仕事を求めなければならず、若い人が中川に残らなくなった。学校も、もう機能していない。

そういえば、ねえ、昭和30～40年ごろ、セメンを頭にのせて運ぶ女の人を見た。砂防の仕事だったのだと思う。上の道をね、セメンを頭にのせて運んでいた、と、ふさえさんは記憶をたどる。

セメント袋を頭にのせて運ぶ、という話は伊豆諸島でも聞いていた。ちょうど同じような時代のことである。

（＊51）「北山林業の関連歴史・年表」京都府ホームページ
https://www.pref.kyoto.jp/kyotorinmu/kitayama/1290048.html（２０２２年3月15日閲覧）。

実践してわかること――運ぶものの重心と、自分の重心

実際に行なうことこそが、頭上運搬のトレーニングになる

頭上運搬をあちこちで追い、話を聞いてきて、自分でも練習してみた。

少なからぬ女性のアフリカ研究者は、フィールドに入って現地の女性たちと一緒に水汲みをしたりするので、両手を離しての頭上運搬はできないものの、片手を添えれば、そこそこできるようになる、という話はすでに書いた。

もちろん、本格的に運搬するためには、片手を添えているとその手がとても疲れるわけだから、両手を離して運搬できる方がスキルとしてはずっと優れている。練習するのであれば、両手を離せるまで練習してみるのがいいと思い、実際にやってみている。

これまで話を聞いた限りでは、前提は「誰にでもできる」ということであった。幼いころからやっていれば、より簡単にできるが、そうでなかったとしても、大人になってからでも、

必要となればできるものだ、ということがわかっている。

体の使い方としては、よくゆるんだ体と、地球の中心から真っ直ぐ立ち上がる中心軸の存在が必要だ。それはもちろん、もともとそういう体の持ち主であればやりやすいが、逆に、頭上運搬を「しようとする」こと、あるいは、「する」ことによって、そのような、よくゆるんだ体と中心軸のととのった体が作られていくともいえるのだから、頭上運搬の練習自体は、それなりのトレーニングになるはずのものである。

自分で頭上にのせられないような重さを運ぶということ

おそらく、「割と軽くて、手でも運べるくらいの重さだが、儀礼的にのせたり、便宜上頭にのせる程度の重さのものを頭上運搬する」ことと、「自分では頭にのせられず、人にのせてもらったり、下ろす時に手伝ってもらったりするようなものを頭上運搬する」ことは、少し次元が異なるように思われる。

簡単にいえば、「自分一人でのせられるものの頭上運搬」と「自分ではのせられないものの頭上運搬」は、同様に議論できないように思う。

後者の、自分ではのせられないほどの重さについては、昭和49年に発行された『日本民俗地図Ⅳ　交易・運搬』の解説書には、大分の葛原浦《かずらはらうら》では、11〜15貫（約41〜56キロ）は普通で、最高で20貫（約75キロ）とされ、淡路島の中津川では、60〜80キロもの重さのものをのせて山道を4〜6キロもの距離を運んだ、という記載（＊52）があり、現在では全く想像することもできない重さを運搬していたことになる。

南西諸島の聞き取りでも、30キロぐらいというのは実際の重さとして話に出たが、その倍くらいの重さを運搬していたこともあったのである。

30キロぐらいのものをのせるにしても、自分ではのせることは難しく、誰かにのせてもらい、下ろす時には誰かに手伝ってもらう、ということが必須だったようだ。

須藤功の『民俗写真集　運ぶ』によると、「頭上に荷をのせるのに男が手伝ってやらねばならず、それがわずらわしい」ので、沖縄県中頭《なかがみ》郡読谷村《よみたんそん》座喜味《さぎみ》では頭上運搬が禁止されたことが引用されている（＊53）。本当に、どうすれば自分の体重より重いようなものを運搬できたのか、ちょっと想像もできない。

コツは言葉で説明するのは難しい

自分で練習するといっても、この、後者のような重さのものをのせることを目指すのは、どう考えても無理なので、自分でのせられる程度のものでしか練習できない。ある程度の重さがある方がやりやすいので、本や、お菓子の箱、段ボールなどに少しものを入れて頭にのせてみる。洗濯物の入った籠なども、練習するにはよい。

私たちの髪の毛はつるつるして滑るので、頭の上とのせるものの間に何かクッションを置くことが必要で、これが沖縄などではガンシナーと呼ばれる藁で作ったドーナツ状のものだったり、伊豆諸島では、あげもの、まげものと呼ばれていた頭の上に巻いてのせる布であったりする。

自分で練習としてやってみる時には、重いものをのせないのだから、タオルや手ぬぐいをくるくると巻いて輪っかにして頭の上にのせるくらいで十分である。軽いもので練習していると、誰でもできるようになる。

琉球で祭司を務めるのは女性の役割であり、沖縄本島ではノロと呼ばれるが、八重山ではツカサ、と呼ばれている。石垣市内で舞踊研究所を主宰し、また大阿母嶽（ほーるざーおん、と読む）という御嶽《ウタキ》のツカサである荻堂《おぎどう》久子さん（２０２４年現在80歳）は、小柄であるが、エネルギッシュでじつに知的な女性である。八重山の文化、祭祀、舞踊、言語など多くをしっかりと継承しながら、同時に非常に近代的な語り口もお持ちの魅力的な方だ。幼い頃や戦

荻堂さんに指導を受ける著者（上）。大阿母嶽にて。左が荻堂さん（下）。

後は、親を手伝って、畑の芋やキャベツを頭上で運んだこともあるという。

荻堂さんに舞踊研究所で、実際に手ぬぐいをくるくると丸めて頭にのせ、この本にも出てくる芋などを乗せるバーキ（ざる）をのせて歩く指導をしていただいた。共同研究者の松本亜紀さんも私も、舞踊研究所の中をバーキをのせて手を離して歩くことは、ほどなくできるようになった。ここに芋を30キロのせるまでには、先述したように、また別のコツが必要だとは思うが、ともあれ、のせられるようにはなるのである。

何がコツなのか、言葉ではうまく説明することが難しい。

誰でも自転車に乗れないころがあり、多くの人は必要に迫られて自転車に乗ることになるのだが、練習さえすれば、ほとんどの人は乗れるようになる。どうしても乗る必要があって、乗りたいのに、いくら練習しても乗れない、という人は、あまり聞かない。練習さえすれば、だいたい、乗れる。

体があるポイントのようなものを把握して、自転車に乗れるようになるわけだが、なぜ、どうしたから、乗れるようになったか、ということを言語で説明することは難しいのだ。

体が覚える——ものと体の重心が合った時の感覚

ロンドン大学で働いていたころ、ケンブリッジの数学科を出た統計学者が上司だったのだが、彼女がケンブリッジに入る時の物理の入学試験は、「自転車でコーナーを回る時に起こっていることについて説明しなさい」という1行だけであったそうだ。

そういうことについて、諄々《じゅんじゅん》と物理学の理論を使って説明できることが入学試験で求められる、ということは、日本の物理の入試とずいぶん違うな、と思ったのは覚えている。

そうしたことは物理学的に説明することができるとはいえ、物理学的に説明ができるから、メカニズムがわかるから、自転車に乗れるのか、というと、それはまた別の話だ。

いわゆる、「体が覚える」ことについて、なぜそれができるようになるのか、明確に説明はできない。繰り返して練習し、ふと、ある時自転車に乗れるようになるように、あるポイントを自分で会得《えとく》する必要がある。

頭上運搬も、ほぼこれと同じであるようだ。滑らないようにタオルを巻いてのせ、たとえば、ものを入れた箱をのせて、できるだけ顎《あご》をひき、体をゆるめ、センターを意識する。

練習していると、ある時点で、頭の上にのせたものが、ぴたっときまることがわかり、そのきまったポイントを失わなければ、どこまででも歩いていける。あるいはそのまま、沖縄のカチャーシーくらい踊っても、箱は落ちない。

そのぴたっとするところが、頭の上にのせているもののセンター、つまりは中心軸であり、体の中心軸とのせているものの重心が合う時、ぴたっとして落ちない感じがするのであろう。

重心というのは、英語で「center of gravity」、つまりは、重力の中心、で、力学的に、空間的な広がりの中で質量が分布するような系において、その質量に対してほかの物体から働く万有引力（重力）の合力の作用点、と定義されている。

頭上運搬という行為の特殊性

ということは、頭上運搬においては、一瞬にしてその、「ものの重心を捉え、自分の中心軸と合わせる能力」が必要である、ということになる。

もちろん立っているだけではなく、運搬してこその頭上運搬であり、運搬するということは、動くのだから、中心軸が動くと同時にそのものの重心も動く、つまりは中心軸と重心を常にダイナミックに合わせながら動く、ということができるようになることを意味する。

そのようにして考えると、ものの重心を一瞬にして捉える、という力は、頭上運搬と、肩の上にのせて運ぶ時には、必要になる能力である。

背負い籠で背中に背負ったり、額や胸に紐をかけて背負ったりする運搬方法でも、ものの重心を捉えることができれば、捉えていない時よりも楽に運べるとは思うが、捉えられなくても荷物が落ちることはない。

天秤棒などによる運搬は、もともと重心を取りやすくするように天秤を調整するのだから、こちらも一瞬にして運ぶものの重心を感じる必要があるわけではない。

頭上運搬の特殊性は、この、「運ぶべきものの重心」を一瞬にして捉える力が必要とされるところにあるのだろう。

対象物の重心を一瞬で捉える力、そしてその重心を自分の重心、つまりは中心軸とぴたっと合わせる力、そして動くことによってそれらの重心がダイナミックに動いても調整していける、という力は、運搬以外のほかの行動にもよき影響を与えたにちがいあるまい。

（＊52）文化庁『日本民俗地図Ⅳ　交易・運搬』国土地理協会、１９７４年。
（＊53）須藤功『民俗写真集　運ぶ』（フォークロアの眼４）国書刊行会、１９７７年。

あとがきにかえて

父と沖縄、「八重芸」と私

沖縄出身ではないが、沖縄に深いご縁をいただいている。

父は復帰前後の沖縄で、海底管敷設《ふせつ》の仕事をしていた。単身赴任をしていたが、妹が生まれた時は、沖縄風の盛大な出生祝いをやったらしい。

私の手元にある琉球絣の着物は、父が伯母に買ったものを、父が亡くなった時に「これはあなたがお父さんを思い出して着なさいね」と、伯母から譲られたものだ。父が求めた、朱《しゅ》塗《ぬ》りに梯梧《でいご》の花の模様のついた堆錦《ついきん》の見事な五段重ねの琉球漆器の重箱は、今も当時の新聞記事に包まれていて、毎年正月に出されたあとは、また、その古い『沖縄タイムス』に包まれ、沖縄とのご縁を物語っている。

その後、父と共に沖縄の７３０（ナナサンマル：１９７８年の車線変更。一晩で右側通行から左側通行になった）を経験したのち、１９８６年には、当時のパートナーが30を過ぎて琉球大学医学部に入学したので、沖縄に住むことになる。

沖縄の高校が甲子園で優勝するようになったり、安室奈美恵や仲間由紀恵やＢＥＧＩＮが出現したりする前で、首里城も守礼門《しゅれいもん》しか残っておらず、リゾートホテルも数えられるほどしかなかったころである。

沖縄が、「海とリゾートと豊かな人情とおいしい食事」であまりにも人気の、憧れの観光地となった今とは、趣《おもむき》は異なった。沖縄に住むことになったので、私自身は、琉球大学の、できたばかりの保健学研究科という大学院の一期生となって、保健社会学研究室の行なう大《おお》宜味村《ぎみそん》や多良間島《たらまじま》のフィールドワークに参加して公衆衛生を勉強し始め、研究者としての一歩を踏み出すことになった。とはいえ、あまり勉強はしておらず、実際は、琉球大学の八重山芸能研究会という部活動に、かなり年上の院生であるにもかかわらず、部員不足のため入れてもらえて、踊って暮らしていました、という方があたっている。

沖縄は大きく分けて、本島、宮古島を中心とする宮古、石垣地方を中心とする八重山の三つの文化圏に分けられ、言葉も芸能も文化もかなり違う。

沖縄観光をなさった方は、「ありがとう」は沖縄方言で「にふぇーでーびる」と言うのだ、とお聞き及びかと思うが、たとえば、宮古では「たんでぃがーたんでぃ」、八重山では「みーふぁいゆー」と言う。さらに細かく、それぞれの「シマ」でバリエーションがある。

琉球大学八重山芸能研究会、通称「八重芸《やえげい》」は、石垣、竹富、西表《いりおもて》、鳩間《はとま》、小浜、黒島、新城《パナリ》、波照間《はてるま》、与那国《よなぐに》などの八重山諸島の、豊年祭、結願祭、種取祭などの祭りなどで演じられる芸能や舞踊を、学生たちが取材して、島の人たちに許可をもらって、練習し、毎年、那覇と石垣で舞台に上げる、という公演を続けていた。２０１７年で50周年を迎えた伝統ある部活であった。

たとえば、「ダートゥーダー」という芸能は、もともと小浜島の結願祭で演じられており、緑の衣装に黒い面を被《かぶ》った森の精霊のような姿でジャンプしたり、回転したりする勇壮なもので、地元ではしばらく演じられなくなっていたが、改めて学生たちが取材し、舞台に上げるようになり、それをきっかけにまた地元でも演じられることになった、と何度も先輩から聞いていた。

八重山芸能研究会在籍当時の筆者

私が在籍していた時、舞台に挙げられていた西表島の祖納岳節《そないだきぶし》は、まるで高松塚古墳の絵から出てきたような衣装で本当に驚いたのだが、スディナと呼ばれる上着にカカンと呼ばれる白いプリーツの裳《も》を合わせるもので、八重山地方の祭祀でよく着られる女性衣装なのであった。

スディナは、洋服の上に羽織る上着のようにして着てもなかなか似合うものだから、西表島紅露《くうる》工房で素晴らしい草木染の染織を続けておられる石垣昭子さんの工房の、若いお弟子さんたちが作って日常的に着ておられるようだ。

祖納岳節は、四つ竹を持ち、女性がゆったりと踊るもので、私は本当に憧れたのだが、この四つ竹を持って踊るバージョンは、学生が島の古老から直接習ったもので、琉球大学の八重芸以外ではあまり踊られなかったともいわれている。

大学の部活動の一つ、というには、八重芸は、結構コアでディープな民俗学系のものであり、しかも踊りと芸能の修練でもあるので、体育会系部活のような厳しさもあり、この50年間では部員は多い時は40名くらいいたというが、少ない時は、廃部の危機に瀕《ひん》するくらい少なくなったりしながらも、なんとか続いていたのである。

ナイチャー（〝内地人〟、つまりは、沖縄出身でない）の、しかも大学院生の私がこの部活に関わらせてもらえたのも、80年代半ば、八重芸は部員減少に悩んでいたころで、部活を維持するには琉球大学の学生だけでは足りず、沖縄大学、沖縄国際大学、看護学校などの八重山出身の学生に参加してもらってやっと公演ができる、という状態だったからにほかならない。

部員不足時代を経て、いっときは、八重山出身者以外の学生もかなり増えて、海外公演、地方公演をしていた時代もあったが、２０１８年度にはとうとう部員が４人となってしまい、廃部が決定し、２０１９年には解散式が行なわれ、１９６７年以来の活動に終止符が打たれた。

「八重芸」初期のメンバーであり、長く「八重芸」顧問を務められた元琉球大学教授（現・名誉教授、名桜大学教授）、石垣島大浜出身の山里《やまざと》純一《じゅんいち》先生は、一貫して深く「八重芸」の活動に関わり、文字通り自腹を切って周年誌を編纂《へんさん》し（＊54）、丁寧に記録を残してこられた。

山里先生が、資料の収集にも編纂にも熟練した歴史学を専門とされる研究者であればこそ、この「八重芸」の資料は意識的に詳細に残されてきたのである。今後、この「八重芸」の行なってきた活動とその成果は、さまざまな形で研究され、つなげられていくことを待っていると思う。

この本における南西諸島のフィールドワークは、すべて、この山里純一先生のお世話になっている。山里先生の教えを受け、学芸員になった元学生たちは、南西諸島にあまねく広がって活躍しているのである。さらに個人的関係も含め、山里先生には誠に多くの素晴らしい方々をご紹介いただき、フィールドワークをご一緒いただいた。

倫理研究所研究員である民俗学者、松本亜紀さんは、この山里純一先生のもと、琉球大学で修士課程まで学ばれ、その後、山里先生のご紹介で私を訪ねて来られ、結果として津田塾大学の大学院で、伊豆諸島青ヶ島の産育習俗に関わる優れた博士論文を書いた。この頭上運搬の研究は、松本さんの博士号取得後、共に行なった調査をもとにしている。多くの現場と直接連絡を取り、多くのフィールドワークを共にし、資料を整理し、共に考察していただいた。

元琉球大学職員で、琉球大学初の女性部長まで務めた新田早苗さんは、ブラジルやロンドンなど地球の裏側に行って音信不通になりがちな私をいつも見つけてくれて、沖縄、そして山里先生とのご縁をつなぎ続けて下さった。

八重山芸能研究会の先輩、亀井保信《やすのぶ》さん（元竹富町役場職員、玻座間《はざま》芸能保存会会長）は、

２０２４年３月の津田塾大学退職後、竹富島に移住し「女性民俗文化研究所」を主宰することを助けていただいている。この本と今の私は、沖縄とのご縁と「八重芸」とのつながりからできあがっている。

敏腕のベテラン編集者、草薙麻友子さんの、丁寧で的確でタイムリーな、美しい職人気質の仕事ぶりのおかげで、この本が仕上げられた。草薙さんに編集を担当してもらう喜びが隅々にまで満ちた本になった。

高岡英夫師範には、いつも身体と運動に関する限りない示唆と、具体的なアドバイスをいただいてきた。

貴重な時間を惜しみなく提供し、それぞれの経験を聞かせてくださった、文中に登場するお一人お一人、そして、関わってくださったすべての皆さまに、心よりのお礼を申し上げたい。

本当にありがとうございました。

三砂ちづる

２０２４年１月　東京

（この頭上運搬に関わる研究は、倫理研究所から助成を受けた。ありがとうございます。）

（＊54）創立二十周年誌編集委員会編『八重山芸能と私たち：琉球大学八重山芸能研究会創立二十周年記念』創立二十周年誌編集委員会、１９８６年、山里純一編『八重芸：琉球大学八重山芸能研究会創立三十周年記念誌』琉球大学八重山芸能研究会、１９９７年、山里純一編『「八重芸」五十年』琉球大学八重山芸能研究会、２０１８年。

本文図版作成・キンダイ

◎写真の掲載にあたっては以下の方々のご協力をいただきました。（掲載順）
芳賀ライブラリー／朝日新聞社／松本亜紀さま／沖縄県糸満市教育委員会／鹿児島県大島郡和泊町教育委員会／和泊町歴史民俗資料館／誠文堂新光社／田中圭子さま／東京都神津島村役場教育委員会／神津島村郷土資料館／前田正代さま／鹿児島県大島郡知名町役場企画振興課／河出書房新社／京都新聞社／産経新聞社／京都北山丸太生産協同組合

◎調査にあたっては以下の方々ほか、たくさんの方のご協力をいただきました。
新田早苗さま／近藤史さま／八塚春名さま／旭川のカナさま／まさひろ酒造さま／上地節さま／山城ウメトさま／西島本和枝さま／糸満市教育委員会の皆さま／池城隆明さま／伊地知裕仁さま／先田光演さま／長谷川千代子さま／福元満治さま／カンボジアのナリさま／荻堂久子さま／辻野すな子さま／田島常子さま／田本キヌエさま／前田正代さま／清水ふさこさま／女川町教育委員会の皆さま／齊藤紘一郎さま／中村晃さま／中村とき子さま／新田初枝さま／亀井保信さま／細川寿美枝さま／北白川伝統文化保存会／竹崎陽子さま／丸山淳子さま／永井佳子さま／中田治さま／井上ふさえさま

＊ p121、p128 の写真の権利者にお心あたりのある方は、編集部（sinsyo@kobunsha.com）までご連絡いただけましたら幸いです。

三砂ちづる（みさごちづる）

1958年山口県生まれ。兵庫県西宮市で育つ。京都薬科大学、神戸大学経済学部（第二課程）卒業、琉球大学大学院保健学研究科修士課程修了。'99年ロンドン大学 PhD（疫学）。ロンドン大学衛生熱帯医学院研究員、JICA 疫学専門家として疫学研究、国際協力活動に携わる。ブラジルで約10年間暮らした後、帰国。2001年より国立公衆衛生院（現・国立保健医療科学院）疫学部に勤務。'04年より津田塾大学学芸学部教授。'24年3月に退職し、八重山で女性民俗文化研究所主宰。ゆる体操正指導員。運動科学総合研究所特別研究員。『オニババ化する女たち』（光文社新書）など著書多数、共著に『女子学生、渡辺京二に会いに行く』（亜紀書房、後に文春文庫）、訳書に『被抑圧者の教育学』（亜紀書房）など。

頭上運搬《ずじょううんぱん》を追《お》って

失《うしな》われゆく身体技法《しんたいぎほう》

2024年3月30日初版1刷発行

著　者 ── 三砂ちづる

発行者 ── 三宅貴久

装　幀 ── アラン・チャン

印刷所 ── 萩原印刷

製本所 ── 国宝社

発行所 ── 株式会社光文社
東京都文京区音羽1-16-6（〒112-8011）
https://www.kobunsha.com/

電　話 ── 編集部03（5395）8289　書籍販売部03（5395）8116
業務部03（5395）8125

メール ── sinsyo@kobunsha.com

　ISBN 978-4-334-10252-4

1300
〈共働き・共育て〉世代の本音
新しいキャリア観が社会を変える
本道敦子　山谷真名
和田みゆき

当事者インタビューで明らかになった、〈共働き・共育て〉を志向するミレニアル世代の本音、そして子育て中の男性の苦悩。当事者、そして企業が取るべき対策とは？【解説・佐藤博樹】

978-4-334-10249-4

1301
子ども若者抑圧社会・日本
社会を変える民主主義とは何か
室橋祐貴

変化の激しい時代に旧来の価値観で政治が行われ、閉塞感が漂う日本。先進諸国で若い政治リーダーが台頭している中、なぜ日本だけ変われないのか？若者が参加できる民主主義を示す。

978-4-334-10250-0

1302
子どものこころは大人と育つ
アタッチメント理論とメンタライジング
篠原郁子

ボウルビィが提唱したアタッチメント（愛着）は、子どもにとって重要なすべての大人との間に形成されうる。心で心を思うこと《メンタライジング》をベースに、アタッチメント理論をわかりやすく解説する。

978-4-334-10251-7

1303
頭上運搬を追って
失われゆく身体技法
三砂ちづる

今の日本では失われつつある身体技法「頭上運搬」。沖縄や伊豆諸島ほか日本各地や海外にその記憶と痕跡を訪ねる。生活や労働を支えた身体技法と、自らの身体への理解や意識を考察。

978-4-334-10252-4

1304
定点写真で見る　東京今昔
鷹野晃

江戸・明治・大正・昭和――。東京はいかに変貌したのか。東京を撮り続けて40年の写真家が、「定点写真」という手法を用いて破壊と創造の首都を徹底比較。写真451点収録！

978-4-334-10253-1